医学部受験 バイブル

現役医大生からの贈り物

綿谷もも［著者］
高梨裕介［監修］

幻冬舎 MC

はじめに

はじめまして。著者の綿谷ももと申します。

この本は、現役医大生であるわたしから医学部を目指していらっしゃる方に向け、医学部に最短距離で合格するための方法を書いた本です。

今、医学部受験についての情報を調べてみると、たくさんの情報が溢れています。どの情報が正しいのかわからなくて困ってしまったり、自分のやり方が合っているのかわからず不安に感じてしまう方もいるのではないでしょうか。

もし、わたしが受験生だったら、医学部受験に関わること全てが体系化された1冊があれば助かるだろうなと思い、この本を書き始めました。

本書では、自身の医学部受験経験、塾の講師として医学部受験生を指導してきた経験をふまえ、医学部受験に必要なことのすべてをお伝えします。

これまで300名以上の医学部合格者を輩出した医師監修のもと、医学部に合格するための戦略や勉強方法、知っておきたい受験の知識を整理し、1冊にまとめた本となっています。

はじめに断っておきたいことは、この本はよくある「受験テクニック本」ではないということです。

誰でも簡単に成績を上げることができる魔法のようなメソッドは出てきませんし、楽して合格するための裏ワザが書いてあるわけでもありません。

また、医学部の最新データを網羅した情報本でもありません。

偏差値や学費、入試形式をはじめとする受験情報は毎年変更点が発表されるため、ブログ『医学部受験バイブル』にて最新情報を随時更新しています。情報が必要な時は、ぜひブログをご活用ください。

わたしがこの本を通してみなさんにお伝えしたいのは、**「枝葉のテクニックではなく、本質的に重要なこと」**です。

少しでも成績を伸ばしたい受験生にとって、「3日で微分積分が完璧に！」「暗記力UPの裏ワザ！」といったフレーズは、とても魅力的に感じると思います。

しかし、こういった枝葉のテクニックをたくさん身につけても、残念ながら成績を伸ばすことはできません。逆に、本質さえきちんとおさえていれば、特別なことはしなくても自然と実力はついていきます。

ダイエットに例えて説明します。

あなたは「絶対にダイエットを成功させたい！」という人にアドバイスをするなら、まず何を伝えますか？

ダイエット法は世の中にあふれていますが、本質的に大事なことは**「食べる量をへらす、運動する量をふやす」**に尽きるはずです。

「なんだ、そんなの当たり前じゃん」と思われるかもしれません。

たしかに、食べる量を減らして運動すれば痩せることができるというのはみんな知っています。でも、それはしんどい、きつい、ということで様々なダイエットテクニックが発信されています。

例えば、「朝ごはんをバナナだけにする」というダイエット方法が流行したことがありました。「朝ごはんをバナナだけにしたら、他は何を食べてもよい」という内容で、ラクして痩せられるダイエット方法として人気が出ましたが、すぐに流行りは終わってしまいました。なぜなら、朝バナナダイエットでは、期待通り痩せることはできなかったからです。いくら朝ごはんをバナナにしていても、毎日ケーキを食べていたり、夜中にラーメンを食べる習慣がある限り、ダイエットが成功することはありません。

本気でダイエットをしたいなら、まずは普段の食生活や運動習慣を見直すしかなく、そこに特別なテクニックは必要ありません。

勉強でもまったく同じことが言えます。

どんなに勉強のテクニックを知っていても、きちんと本質をおさえていなければ成績を伸ばすことはできません。本当に成績を伸ばすためには、本質をおさえた勉強をするしかなく、そこに特別なテクニックは必要ありません。

ダイエットでは「食べる量をへらす、運動する量をふやす」が大事なのと同じように、成績を伸ばすために本質的に重要なことはとてもシンプルです。

この本では、受験勉強に取り組むにあたって、**シンプルだけど本質的に大事なこと**に焦点をあてて解説していきたいと思います。

もしかすると、本書に出てくる内容は当たり前のことかもしれません。

なぜわたしが当たり前のことを書くかというと、医学部受験の失敗例を分析してみると、「当たり前のことができていないから合格できなかった」というケースだらけだからです。

受験生の中には、「当たり前のことを、当たり前だと知らなかった」という人もいます。

だからこそ、受験に挑む前に「医学部受験の当たり前」を再確認しておくことは大切だと考えています。

結果を出すために1番重要なのは、「当たり前のことを徹底すること」です。

本書を読むことで、まずは医学部受験の当たり前を知り、当たり前のことを実践し、みなさんが医学部合格へまっすぐに進めることを願っています。

目次

序章

[1] 医学部受験に「特別な対策」は必要ない

多くの塾や予備校では医学部に特化したテキストが使われていますし、本屋さんに行けば医学部受験用の問題集が売られたりしています。「医学部の問題は難しいから、特殊な対策をやらないとダメだ、とにかく応用力をつけることが大事なのだ」と聞いている方も多いのではないでしょうか。

「医学部には医学部受験用の特別な対策が必要」というイメージは広まっていますが、実は医学部受験において重要なのは「特別な対策」ではありません。

実際、今まで指導してきた受験生の中には、全教科基礎的な問題集のみで医学部に合格した卒業生がたくさんいます。その問題集は医学部受験生専用のオリジナルテキストではなく、本屋さんに売られているごくごく一般的なものです。

もし、本当に「特別な対策」が必要なら、この結果はあり得ないことだと思います。

もちろん、医学部受験では難問が出題されることはありますし、医学の分野に絡めた珍しい問題が出題されることもあります。

しかし、そういった特殊な問題を解けないと医学部に合格できないのかという点を考えると、その答えはＮＯです。合格者最低点と、出題された問題をきちんと分析してみると、難易度が高い問題を解かなくても合格点に達するケースは多々あります。

過去問に出てくる難しい問題の中には、合格者ですらほとんど解けていない問題、すなわち、解けるようにしておく必要はない問題も存在しています。

一部の問題をピックアップして、「医学部ではこんな難しい問題が出るから特別な対策が必要ですよ！」というアドバイスを信じてしまうと、本質からどんどん逸れてしまいます。

「医学部受験に特別な対策は必要ない」

この言葉を大前提として覚えておいてください。

[2] なぜ医学部受験は難しいのか

先ほど、「医学部受験に特別な対策は必要ない」と言いました。それなら医学部受験って難しくなさそう、と感じられた方もいらっしゃるかもしれませんが、**実際のところ医学部受験は難しい**です。

なぜ医学部受験の難易度は高いのでしょうか。その答えはシンプルで、受験層のレベルが高いからです。

医学部受験生には、「小学生の頃から医学部を目指してずっと努力していました」「中学では学年1位で、高校はその県トップの進学校です」という人がゴロゴロいます。医学部に行って出身高校を聞いてみると、「あの有名な○○高校ね！」となることの多いこと多いこと……。

これは決して「進学校出身でないと医学部には合格できない」という訳ではありません。

もちろん、進学校でない高校から医学部に合格する例もあります。しかし、全体で見ると、やはり進学校出身者が圧倒的に多い学部です。

スポーツで例えるとイメージしやすいかもしれません。

野球大会を開催するとなった時、勝敗に一番大きく影響するのは、「どの高校と戦うのか」という点です。いくら自分の調子がよくても、グラウンドのコンディションに恵まれていても、戦う相手が強ければ強いほど、試合に勝つのは難しくなります。

医学部受験は「大学受験」というフィールドの中で、強豪校がたくさん出場している野球大会のようなものだと考えてください。「問題が特殊」「問題の難易度が高い」というよりも、**「とにかく戦う相手が強い」**と捉えた方が、医学部受験の難しさを正確につかめると思います。

もし、全国のトップ層が医学部を受験しないようになったとしたら、話は大きく変わってきます。出題内容が変わらないまま受験層のレベルが下がったら、単に合格者最低点が下がるだけです。問題自体は難しくても、入試の難易度はぐっと下がります。

問題自体の難易度と受験の難易度を混同している方は、ここでしっかりと整理して認識しておきましょう。「問題の難易度は高くても、受験の難易度は比較的低い」「問題の難易度は平易でも、受験の難易度は非常に高い」といった大学はたくさんあります。

結局のところ受験は相対評価なので、「何と戦うか」ではなく「誰と戦うか」で難易度が変わります。医学部受験の難しさは、「受験層のレベルの高さにある」と認識しておくことで、正しい戦略を立てることができます。

[3] 進学校出身者が医学部受験に強い理由は「環境」にある

そもそも、進学校出身者が医学部受験に強い理由は何だと思いますか？

地頭がいいから、学校の教育システムがいいから、通っている塾のレベルが高いから……。

たしかにどれも要素の一部ではあるかもしれませんが、最も大きく影響しているのは、**「環境」**だと考えています。実際に進学校出身者に話を聞いてみると、進学校の環境は受験に有利に働いていることがわかります。

それでは、強さを生み出す「環境」とは何かを解説していきます。

進学校の強み①「勉強するのが当たり前」という環境

進学校では、ほぼ全員の生徒が「勉強に対して、一定以上の努力をしてきたし、これからも努力するのが当たり前と考えている」という特徴があります。

この特徴は、学校全体として「勉強するのが当たり前」という環境が整っていると言い換えることができます。「勉強するのが当たり前」という環境に身をおくことで、得られるメリットははかりしれません。

具体的には、勉強時間や受験勉強を始める時期、大学受験に対するモチベーション等、あらゆる点において「当たり前」の基準が高い状態です。

周りの「当たり前」のレベルが高いと、自然と自分の「当たり前」の基準は高まります。例えば、一般的な受験生よりは十分勉強していたとしても、周りに上がいることで「もっと勉強しないと」と感じ、さらに勉強時間を増やそうとする流れに繋がります。

本人たちにとっては自覚がないのであえて語られることは少ないのですが、この環境は受験に大きく影響します。

進学校の強み② 医学部受験に必要な努力量を認識している

進学校には、模擬試験で全国ランキングに名前が載っているような「超トップ層」が存在します。そういった人が同級生や同じクラスにいると、トップ層がどのくらいすごいのかがわかります。

超トップ層には、誰がどう見ても地頭がいいのに、学校の予習復習は必ず行う、定期試験や小テストも手を抜かずに取り組む、高校1年生の頃から毎日勉強する習慣をつけている、といった人がいます。

受験生の大半が「実力」で負けているにもかかわらず、「努力の量」すら勝てていない、ということを間近で見ることができるのです。「自分より頭のいい人」が「自分より勉強している」という状況は、無意識ながらも強烈な危機感を生み出します。

こういった環境に身を置くことで、「医学部に合格するのがどのくらい難しいか」をなんとなく肌で感じることができます。

医学部志望の人がどういった成績帯なのか、普段どのくらい勉強をしているのかを知ることで、詳しく聞かなくても「医学部に必要な努力量」をなんとなく察していくのです。

余談ですが、人は「自分がやったことがないこと」や「あまり知らないこと」になると、「難しさ」がよくわからなくなるという傾向があります。

例えば、野球が好きな人であれば、甲子園に出場することがどれだけ大変で難しいかをよくよく知っていると思います。幼少期からずっと野球漬けの生活を送ってきて、強豪校に入って厳しいトレーニングを毎日継続していても、試合に出られるかどうかなんて保証できない世界です。

一方、野球のことを全然知らない人は、甲子園に出場することの難しさがわからないので、甲子園に出るにはどんな努力が必要なのかピンとこなかったりします。やったことがないことや、あまり知らないことに対し、どれだけ大変かが想像しづらいんですね。

同じように考えると、「今まであまり勉強してこなかった人」が、医学部受験がどれだけ大変かを認識するのは実は結構難しいんです。

「1年くらい死ぬ気でやれば国公立医学部くらい何とかなるだろう」と漠然と考えたまま

受験に突っ込んでしまい、痛い目にあったという人はたくさんいます。もしかすると、「高校から野球を始めたけど甲子園に出場したい！」と考えるのと同じくらい、難しいチャレンジかもしれません。

受験を始める前から「医学部受験の難しさ」を何となくイメージできている、というのはアドバンテージの一つですが、進学校出身者は無意識のうちにそれを認識している、ということですね。

話を戻します。

受験において、環境の重要性はお分かりいただけたでしょうか。

繰り返しますが、「進学校からでないと医学部に行けない」のではありません。どの医学部をみても進学校以外からの合格者はいますし、実際、今まで教えてきた受験生の中にも、進学校ではない高校から難関医学部に現役合格した例はたくさんあります。

大切なのは、「勉強するのが当たり前という習慣」です。

「習慣づくり」についてはまた本編でも詳しく解説します。ここでは「進学校の環境＝勉強するのが当たり前の環境」ということを覚えておいてください。

[4]「相関関係」と「因果関係」を区別しよう

本編に入る前にもう1つ知っておいていただきたいこととして、「相関関係」と「因果関係」の区別があります。「相関関係」と「因果関係」を区別して考えると、よくある失敗を未然に防ぐことができます。例を出してわかりやすく説明するので、少しだけ我慢して読んでみてください。

まずは、因果関係と相関関係とは何かから説明したいと思います。

因果関係とは、「二つ以上のものの間に、原因と結果の関係があること」を指していて、相関関係とは「一方が増加する時、他方が増加もしくは減少する傾向が認められる関係のこと」を指します。

簡単に言うと、因果関係は**「○をしたから、△となった」**が成り立つ関係で、相関関係は**「△の人には、○をしていた人が多い（少ない）」**という関係ということです。

結果は似ていますが、それぞれの意味合いは大きく異なります。

具体的な例をもとに考えてみましょう。

アメリカのメイン州で行われた実際のある調査で、「マーガリンの消費量」と「離婚率のグラフ」が同じような傾向を示したというものがありました。

よくある間違いは、「マーガリンを食べるほど離婚しやすい」という因果関係と捉えてしまうことです。冷静に考えてみると、マーガリンをやめれば離婚を防止できるなんて関係性はおかしいことがわかると思います。しかし、グラフだけを見ると、つい因果関係があると誤解しそうになります。

この2つのグラフは、ただの相関関係です。原因と結果の繋がりはないものの、たまたま同じような傾向を示しているだけに過ぎません。

因果関係とは、「棚の角に小指を思いっきりぶつけた」から「涙が出ている」のように、物事の間に「原因」と「結果」の繋がりがあるような関係性のことを指します。

なぜこの2つの区別が重要になるかというと、受験においても、相関関係にあるものが因果関係にあるように見えてしまうことがあるからです。

例えば、「偏差値の高い大学ではピアノを弾ける人の割合が高い傾向にある」というデータは、「子どもにピアノを習わせたら偏差値の高い大学に行ける」という意味ではありません。「ピアノを弾けるから学力が高い」という因果関係ではなく、「ピアノを習わせることができるような経済的余裕があり、さらに教育熱心な家庭の出身だと、学力が高い傾向にある」という相関関係として考えるのが自然です。

こういった例であればすぐピンとくると思いますが、因果関係と相関関係の区別ができなくて勉強の戦略を間違えてしまう受験生はたくさんいます。

特に注意すべきなのは、**「合格体験記」や「優秀な同級生のアドバイス」**です。

医学部に進学した先輩や、周りの成績優秀な人たちがこぞっておすすめしている、分厚くて難しい参考書があるとしましょう。これを見ると、「分厚くて難しい参考書に取り組んでいる」から「良い成績が取れる」と判断してしまいたくなります。

でも、本当は「難しい参考書をやっていること」が成績優秀になるための「原因」になっている訳ではありません。

実際のところは、「良い成績を取る」人は「難しい参考書を読む傾向が高い」という相関関係であることがほとんどです。あるいは、「もともと良い成績を取れる」から「難しい参考書を読む余裕がある」という逆の因果関係の可能性もあります。

これに注意しないまま、周りからのアドバイスを鵜呑みにして「優秀な人の勉強方法を真似して、私も難しい参考書を1から読めば良いんだ！」と判断してしまうと、高い確率で事故が起こります。

上滑りをして勉強の効率が悪くなった結果、勉強をしているつもりなのに全然成績が伸びてこない……という事態を招きやすくなるということです。

同様に、「先輩からのアドバイス」や「他人の合格体験記」も、しっかりと因果関係を考えた方がいいです。

「こんな勉強法で医学部に合格した」「医学部に合格するためには◯◯をするべき」といったように、自分がやってきたことをまるで因果関係のように伝えてしまうことは少なくありません。

合格体験記を読むときやアドバイスをもらうときは、相関関係なのか因果関係なのかを見極める力が必要と言えます。

[5] 個人の体験談ではなく、検証された方法を取り入れる

先ほど出てきたように、個人の体験談には因果関係がないことも多々あります。うまくいった人のやり方をそのまま真似しても、同じようにうまくいく可能性は残念ながらあまり高くはありません。

では、どうすればいいかというと、「個人の体験談ではなく、検証された方法を取り入れる」という点を意識してみましょう。

ひとくくりに「おすすめ参考書」と言っても、「合格したAさんが（たまたま）使用していた参考書」と、「この参考書を使い医学部に合格できることがデータで検証されている参考書」は全く違います。

本書では、これまで300名以上の医学部進学者を輩出したデータをもとに、**「検証された方法」**のみを書いていきます。わかりやすくするために具体的な例を出すこともありますが、この本に書かれている内容はすべて、毎年たくさんの受験生が実行し結果を出してきたノウハウです。

初めからこのノウハウが正解とわかっていた訳ではなく、医学部に合格した卒業生のデータを基に今まで何度も改訂を重ねた結果、最終的に本書の内容にたどり着いています。

ブログをお読みになった方からよく寄せられる質問に、「基礎が重要と書いていますが、医学部受験では応用問題の習得が必須ではないんですか」という疑問があります。「医学部＝難関」というイメージが強いので、この点を不思議に思われるのも当然です。実際、わたしたちの塾でも応用問題集に入ることを前提として指導していた時期もあったそうです。

しかし、医学部に進学した卒業生のデータを分析していくと、応用問題の習得の有無と医学部合格の関係は、実は相関関係に過ぎないということがわかりました。「成績が良い人」は「応用問題集を使う傾向が高い」だけで、「応用問題集を使うから成績が伸びる」訳ではない、ということですね。

データを分析することで、医学部合格において因果関係となっているのは**「どれだけ全教科の基礎を徹底しているか」**だと判明しました。データの検証があったからこそ、「全教科基礎問題集のみの習得で医学部に進学できる」というノウハウに行き着いたと言えます。

このように、本書では「医学部合格に本当に必要なことは何か」を分析し、データで検証した方法をみなさんにお伝えしていきたいと思います。

この本の流れ・活用方法

本書は全8章からなります。

第1章　医学部に合格するための習慣・考え方

医学部に合格するためには、勉強方法やテクニックよりもまず身につけるべき習慣があります。この章では、医学部に合格するための習慣や考え方を紹介します。

第2章　医学部に最短距離で合格する勉強法
第3章　科目別勉強法・選択科目の選び方
第4章　試験本番のパフォーマンスを鍛える

第2-4章は、この本の「本編」となる部分です。医学部に合格するために何が必要なのか、最短で医学部に合格するための戦略、正しい勉強法や学習効率を上げる方法をはじめ、医学部受験において核となる部分を説明します。

第5章　模擬試験の活用・受験校の選び方
第6章　医学部の面接小論文対策

第5章では模擬試験の活用方法や受験校選び、第6章では面接小論文対策など、知識として持っておいて損はないことをまとめました。

受験生にとってはもちろんのこと、保護者の方にとっても有用な内容になっているかと思うので、受験校選びの際にはぜひ一緒にお読みください。

第7章　タイプ別医学部攻略法

医学部受験生の特徴を大きく7つに分類し、それぞれに対し医学部受験で気を付けるべきポイントをまとめました。この章は1-6章をふまえた内容となっており、受験生のタイプごとに特に重要なポイントを端的にご覧いただけます。

第8章　医学部受験生へのメッセージ

最後に、わたし自身も医学部受験を経験した者として、医学部を目指す後輩に応援メッセージを送ります。勉強が辛く感じた時、成績が伸びず苦しい時、医学部を目指すことを諦めそうになった時、活用していただけると幸いです。

第1章

医学部に合格するための習慣・考え方

[1] 困難な目標を達成できる「習慣」づくり

勉強法の話に入る前に、まずは「習慣」についてお話ししたいと思います。

正しい勉強法や受験情報を知ることは大切です。正しい情報を知っておくことで、効率的な戦略を立てたり、合格可能性を上げる選択をすることができます。

しかし、勉強法や情報を「知っているだけ」では、困難な目標を達成することはできません。

困難な目標を達成するために、まずはじめに身につけるべきことは「習慣」です。達成したい目標を必ず達成できる人と、結果に結びつかず諦めてしまう人の決定的な違いは「習慣」にあると考えています。

「ご両親にお金を出してもらって塾や予備校に通っているにもかかわらず、だらだらとした生活を送り、塾でも勉強に集中するのではなく何となく友達に合わせて通っているだけ……」といった受験生を想像してみてください。

このような「習慣」では、いくら時間とお金をかけて塾や予備校に通っても、結果には結び付きません。

受験において最優先にすべきことは、「習慣を身に付けること」と言っても過言ではないほど日々の習慣は結果を左右します。

「習慣をつくる」というのは、大それたことではありません。自分の価値観や性格を変える必要はなく、小さな習慣の変化が劇的な結果の違いを生むようになります。

小さな習慣の変化とは、例えばこのようなものです。

・スマホをだらだら見てしまう習慣から、英単語の暗記時間にあてる習慣に変える。
・休みの日は昼頃まで寝てしまう習慣から、早起きをして勉強する習慣に変える。
・何となく勉強を進めるだけの習慣から、自己分析をして改善していく習慣に変える。

毎日の違いは小さくても、長期間積み重なると大きな変化に繋がります。

具体的な例を挙げると、塾の卒業生に「毎朝5時半〜6時に起きてランニングを行い、その後すぐに勉強を始めるという習慣を作った。そして、受験が終わるまでその習慣を継続した」という人がいました。

暑い日も寒い日も、疲れている日もやる気がでない日も、毎日この習慣を崩さず継続したそうです。

一方、受験生の中には、「つい毎朝寝坊してしまう」「何となくやる気が出なくて勉強が手につかない」という人もいます。むしろ、勉強に集中する習慣作りができていない受験生の方が多いかもしれません。

毎朝6時から勉強している人と、毎日昼過ぎから勉強している人では、午前中だけで6時間の差がつきます。これが1ヶ月、2ヶ月……と続いていくと、取り返せないほどの差となります。

「習慣」が結果の違いを生む、ということをご想像いただけたでしょうか。目標を達成するために必要なのは、「医学部に行きたい」という熱意ではなく、日々の習慣です。やる気がでなくても、気分が乗らなくても、どんな時も必ず実行する「習慣」を身につけましょう。

[2] まずは勉強時間の確保からはじめる

[2-1] 医学部合格に必要な勉強時間

「どのくらい勉強していたか」というのは、医学部合格者の中でも幅広い差があるので絶対的な正解はありませんが、目安をイメージしていただければと思います。具体例を挙げると、当塾から医学部に合格した浪人生の大多数は1週間に平均90時間以上勉強しています。週90時間以上の勉強は、1日に換算すると13時間程度です。

1日13時間の勉強と聞いても、なかなか想像しにくいのではないでしょうか。医学部受験生は寝る間も惜しんで勉強しなくてはいけないのか、と思った方もいらっしゃるかもしれませんが、それは違います。
例えば、ある卒業生（浪人生）の1日のスケジュールはこちらです。

6:30	起床
6:30 ～ 7:30	散歩・朝食
7:30 ～ 9:30	勉強
10分休憩	
9:40 ～ 12:00	勉強
12:00 ～ 12:30	昼食
12:30 ～ 15:00	勉強
10分休憩	
15:10 ～ 17:30	勉強
17:30 ～ 18:00	夕食
18:00 ～ 20:00	勉強
10分休憩	
20:10 ～ 22:00	勉強
22:00 ～ 23:00	入浴・ストレッチ等
23:00	就寝

いかがでしょうか。

1日13時間勉強していますが、睡眠時間は7時間半です。睡眠時間を十分確保しながらでも、勉強時間は増やせることがわかります。

「勉強時間を増やそう」と考えて、真っ先に睡眠時間を削ろうとする受験生もいますが、絶対にやめた方がいいです。

短期間で終わる学校の定期テストであれば問題ありませんが、受験は定期テストとは異なり長期戦です。

睡眠時間を無理に削って頭がボーッとした状態で勉強するよりも、十分な睡眠を取って勉強した方が学習効率は上がります。また、睡眠不足が続くと、体調的にもメンタル的にも不調をきたしやすくなります。

睡眠時間は一定以上確保し、長期間継続できる習慣をつくることが大切です。

【2-2】勉強時間の増やし方

「長時間勉強するためには何をしたらいいの？」と、勉強時間を増やすためのコツが気になっている人も多いと思います。

実は、長時間勉強できる人は特別に何かをしている訳ではありません。心がけるべきことはとても単純で**「とにかく無駄なことに時間を使わない」**だけです。

無駄な時間とは、スマホやテレビ、ゲーム、漫画に使う時間などのことです。

勉強時間がなかなか増えない……と悩んでいる人は、「勉強時間を増やそうとする」よりも「無駄な時間を減らす」ことを心がけてみてください。無駄な時間をなくすことで、自然と勉強時間は増えていきます。

【2-2-1】無駄な時間を減らすためにやるべきこと

先ほど、「勉強時間を増やす」のではなく「無駄な時間を減らす」ことが大切だと言いました。それでは、具体的にどのように考えればよいかをみていきましょう。

STEP1：自分の時間の使い方を把握する

まずはじめに、「自分が何にどのくらいの時間を使っているのか」を知りましょう。ほとんどの人は、自分の時間の使い方について正確に把握できていないと思います。

その場合は、いつも通り生活し、自分は「何にどのくらい時間をかけているのか」をはかり、メモしてみてください。時間の使い方が正確にわかると、無駄な時間が想像以上に多いことに気がつくはずです。

特に、スマートフォンを見ている時間、ぼんやりとテレビを見ている時間は無意識に過ごしていることも多いです。このような時間は、積み重なると膨大な時間となります。

自分の時間の使い方をきちんと認識し、無駄な時間を見つけましょう。

STEP2：無駄な時間の中で「なくす時間」を決める

次に、自分が整理した無駄な時間の中で、削る時間やなくす時間を決めましょう。この時にポイントとなるのは、できるだけ具体的に考えることです。

例えば「スマホをだらだら見ないようにする」といった漠然とした目標はおすすめしません。抽象的な目標はどうやって実行したらよいかわからず、行動に移しにくくなります。

「今はスマホを2時間見ているけれど、それを30分にしよう」というように、具体的な目標値を決めてしまうのがおすすめです。

【2-2-2】勉強時間を増やすための工夫

①根性論ではなく、環境を変える

なくす時間を決めたら、次は実行です。いくら「無駄な時間を減らそう」と思っていても、行動が変わらなければ意味がありません。

行動を変えるためのコツは、「根性論で乗り切ろうとする」のではなく、「環境を変える」ことです。

「勉強中もついスマホが気になってしまう……」という受験生が、「スマホを絶対にみない！」と決心してもうまくいかないことが多いです。スマホが常に横にあり通知がよくくる状態では、誰だって簡単に心が揺らぎます。

スマホが横にある状態で勉強時間を増やす方法を考えるより、環境を工夫してみましょう。

例えばこんな工夫です。

・スマホは電源をオフにする
・スマホは勉強する部屋に持ち込まない
・スマホは勉強が終わるまで家族に預かってもらう

わたし自身もいわゆる「誘惑に弱いタイプ」なので、勉強中、近くに余計なモノがあるとつい誘惑に負けてしまいます。

「勉強の邪魔になるものは近くに置かない」など、勉強をせざるを得ない環境をつくることで、自然と無駄な時間を減らすことができます。

②休憩時間の取り方を工夫する

受験生と話していると、「休憩時間を取るとなかなか勉強に戻れない……」という悩みもよく聞きます。

休憩する時に心がけるべきことは、「なかなかやめられないことはしない」ことです。スマホや漫画、ゲームなどはその最たる例だと思います。

休憩する時は、あらかじめ「○分休憩する」と時間を決めておくのが効果的です。決めた時間を守るためにも、時間がきてもついダラダラ続けてしまうことは避けた方がよいでしょう。気分転換になり、時間を守れるような休憩がベストと言えます。

例えば、散歩やジョギング、筋トレやストレッチというように身体を動かすのがよかったという卒業生もいました。無理に運動をする必要はなく、おやつを食べる、温かい飲みものを飲む等、自分に合った方法で大丈夫です。

③集中力は後からついてくる

「勉強時間を増やすと集中力が落ち、効率が下がる気がする」と思っておられる方も多いと思います。たしかに、普段あまり勉強していない人が急に長時間勉強すると「ぼーっとしてしまう」「集中できない」という状態になるかもしれません。

最初は長時間ずっと集中できていなくても大丈夫なので、しばらくその習慣を継続してみましょう。徐々に集中力がつき、勉強効率も改善されてくるはずです。そして、最終的には集中力をキープしたまま長時間勉強できるようになっていきます。

「量と質どちらが大切か」という2択で悩む声をよく聞きますが、実際のところ量と質はどちらも大切です。どちらも向上させるためには、まずは量を増やす方が簡単で、そもそも一定以上の量がなければ質を上げることはできません。

まずは無駄な時間を減らして勉強時間を増やし、長時間の勉強を習慣にすることから始めてみましょう。集中力は後から向上していきます。

【2-3】積み重ねた勉強時間は自信に繋がる

勉強時間を積み重ねることは、成績を伸ばすために重要であるのはもちろんのこと、メンタル面においても重要です。

勉強時間を確保することで、「自分は勉強している」といい意味でプライドが生まれていきます。模試でうまくいかなかった時には悔しさを感じるようになり、なぜできなかったのかという分析を自然とするようになります。

模試を受けて「勉強していなかったからしょうがない」と言い訳をする人と、「勉強していたのにどうして点数に反映されなかったのか」と分析をする人では、その後の伸びに大きな差が生まれます。

また、医学部という難関を目指している受験生にとって、「自分は医学部に合格できるのだろうか……」という悩みはつきものです。

特に、受験が近づく秋頃になると、不安を感じ始める受験生が多いと感じます。この時、自分が積み重ねてきた勉強時間はメンタルに大きく影響します。

しっかりと勉強をしてきた受験生は、

「合格できるかはわからないけど、やれるだけのことはやった」

と前向きに切り替えることができます。

一方、勉強時間を十分に確保できなかった後ろめたさがあると、

「あの時もっと勉強していたら……」

と後悔し、さらに不安になったり自分を責めてしまったりします。

勉強時間を確保してきた人の強みは、「自分はこんなに勉強してきたんだ」という自信です。入試が近づいてきて不安になった時、試験本番に緊張でつぶれそうな時、この自信は何よりも大きな助けとなります。

[3] モチベーションが保てないあなたへ

[3-1] モチベーションを常に一定に保つ必要はない

医学部を目指す受験生からは、勉強面以外にも様々な悩みの相談を受けます。中でも「モチベーションが保てない」というのは、よくある相談のうちのひとつです。

「どうしたらモチベーションを保つことができるのか」、これに対する回答はいたってシンプルです。**結論からいうと、モチベーションを常に一定に保つことはできません。**

人間誰しも、体調や気分に波があるのは当然です。常に同じテンションを保てる人、やる気が毎日みなぎっているなんて人をわたしは見たことがありません。

「モチベーションが上がらない」「今日は何だかやる気がでない」というのは当然のことであり、直す必要はありません。

では何が問題なのかというと、「モチベーションを勉強しないことの言い訳に使ってしまっている」ということです。

例えば、毎日手術の予定が入っている外科医がいるとします。この外科医がその日の気分で「今日は何となくやる気がでない。手術は明日に延期だ！」と言い出したら大変なことになりますよね。どんなに気分がさえなくても、外科医は手術をやらなくてはいけません。

医学部受験生も同じです。長い受験生活においてモチベーションが低い日があるのは当たり前のことです。モチベーションが上がらないことを言い訳にせず、淡々と一定のリズムで毎日勉強することが大切です。

【3-2】好きだからではなく、必要だから勉強する

医学部受験生の中で「受験勉強が大好きだ」という人はどれくらいいるでしょうか。経験から言うと、そんな人はほとんどいません。

医学部受験は出題科目が多く、習得しなければいけない量も膨大です。どの科目も完成度

を上げる必要があるため、好きな教科や単元だけをやっても絶対に合格できません。どんなに嫌いな科目でも興味のない分野でも、「医学部合格に必要なことだから」と割り切って勉強することも必要となります。

ただ、そうは言っても、モチベーションが上がらない中で興味もない勉強をするというのは、簡単なことではないでしょう。ここでカギとなるのが「習慣化」です。

人は一度習慣化したことは、やらないとかえって違和感を抱く、という習性があります。例えば、「歯を磨く」という行為を考えてみてください。わたしは「歯を磨く」ことに楽しみを感じたことが一度もありませんが、それでも歯を磨かなかった日はありません。一度習慣化してしまったために、「歯を磨かない」日は違和感があり、やらずにはいられなくなったということですね。

習慣化はすぐにできるものではないので、1ヶ月、2ヶ月と毎日勉強する必要がありますが、勉強を習慣づけていくと「勉強していないと違和感がある」と感じるようになります。

この状態を作り出すことができたらこちらのものです。

最初は勉強が辛い、他のことをしたいと感じるかもしれませんが、一度習慣化すればモチベーションに左右されず机に向かうことができます。

[4] 伸びる人と伸びない人の違い

[4-1] できる人―できない人リスト

できる人―できない人リストとは、よく伸びる人、あまり伸びない人の特徴をまとめたものです。もともとの成績にかかわらず、「できる人」に当てはまっているほど成績をよく伸ばして医学部に合格していく傾向にあります。

全部で19項目あるので、自分はいくつ「できる人」に当てはまっているのかチェックしてみましょう。

できる人	できない人
まず自分で考える。質問するとき必ず自分なりにも考えているため、良い質問ができる。	自分で考えずに聞いて得した気になっているが、学習機会を失っていることに気づかない。自分で考えていないから質問のレベルが低い。
礼節、ルール、時間、指示を守る。	礼節、ルール、時間、指示を守らず自分が正しいと信じて、周囲に笑われていることに気づかない。
プロセスに対する覚悟ができている。	結果への願望（医学部に合格したい）だけで、努力をする覚悟がない。
やらないことを決める覚悟ができ、1つのことに没頭する卓越した集中力がある。	多くのことに手を出したり情報に振り回されて全て中途半端になる。
結果にコミットする。努力が必ず報われるほど甘い訳ではないからこそ、できる限りの努力を尽くす。結果への責任を持つ。	頑張っていればそのうち結果はついてくる、努力は必ず報われる！と自分に甘い。「そのうち報われる」という純粋な向上心が好き。
根性論に走らず目標と自己の距離を的確にはかり戦略を立てる。	死ぬ気で頑張る、絶対合格する、など何かと根性論に走り戦略がない。

すべて自分で責任をとる。	何かと親や才能、まわりの環境、講師、テキストなど自分以外に責任を求める。
自分の目的に忠実で、周囲にはきっぱりＮｏ！と言える。	Ｎｏ！が言えない。すぐ周りに足を引っ張られる。それを言い訳にする。そのうち周りに依存することが生きがいになる。
自己分析に長け、自分の強みや弱み、実力を発揮する方法、自己管理の方法などを理解し実践できる。	自己分析が嫌い。やり方がわからない。自分のことがほとんどわかっていない。
特効薬などはなく、習慣、継続、努力、鍛錬によってのみ道が開かれることを知っている。不用意に情報を求めず自分で考える。	特効薬のようなものを自分は知らないだけだと思って情報ばかりを求める。
できないことは、どうしたらできるようになるかを常に自分で考え、もがきながら前進できる。その上で必要に応じてアドバイスを求める。	できないとき、自分で分析や対策を考えることができず、すぐに「どうしたらいいですか」と周囲に助けを求める。

これだ！と思ったことは信頼し長期間継続できる。1つのことを十分に習得した上で次のステップに進める。	これだ！と刹那的に信じるが3日も経てば不安になって次のものを探し求める。継続できない。
自分の能力や可能性を信じている。ある意味根拠のない自信を持っている。	自信がない。どうせ私は～と思っていて、できる人は自分が持っていない才能や情報、環境のためだと信じ込もうとしている。
やる気がでない日、調子の悪い日もパフォーマンスを変えず、周囲に悟らせない。	何かとやる気や調子のせいにする。調子ができるのは1週間に1日程度なので自分がフル稼働できるのは1年で50日くらい。本番にその日がこなかったらもう1年。
挑戦をやめない限り不安は消えないことを知っている。不安を抱えながら前進できる。	不安への対処ができないししようともしない。自ら不安を増幅させて自滅する。
自ら考え、能動的に行動し、貪欲に学ぶ意欲がある。可能性を拡げるのは自分しかいないことを知っている。	受け身で与えられないとやらない、できない。自分でどんどん可能性を閉ざしているが、そのことに気づいていない。

本質を捉え、深く考えることができるため、シンプルなアドバイスこそ大切にする。本質を捉えることができるため細部にこだわらない。	考える力がないため複雑なアドバイスこそ、「すごそう、役立ちそう」と目を輝かせる。本質を捉えることができず細部にこだわる。
正しい方法は、自分が納得できなくても行動に移すことができる。必要に応じて自分の経験を一旦無視して改善できる。	正しいとわかっていることでも、実行に移すのが遅い。自分が納得することに時間をかけてしまう。自分の経験してきたことや自分のレベルでしか考えることができない。
スピード、質の使い分けができ、結果的にスピード、質ともに高い。	スピード、質の使い分けができない。結果的にスピード、質ともに低い。

【4-2】「できない人」から「できる人」に変わるには

いかがだったでしょうか。「できない人」の項目を見てドキッとした方も少なくないのではないかと思います。

安心していただきたいのは、最初から「できる人」である必要はないということです。最初から「できる人」である必要はなく、「できない人」から「できる人」に変わればよいのです。

「できる人」になるにあたり、おさえておきたいポイントは3つです。

①本質を捉えること
②プロセスに対する覚悟を決めること
③自分で考える習慣をつけること

それぞれ説明していきます。

①本質を捉える

できる人ほど本質を捉え、できない人ほど本質的ではない細部のことが気になってしまう傾向があります。

例えば、勉強する時はシャーペンがいいのかボールペンがいいのか、ノートがいいのかルーズリーフがいいのかといった質問ばかり浮かんでくる人がいます。しかし、これらはとても些細なことであり、成績の伸びとは一切関係ありません。

わかりやすいように極端な例を挙げましたが、受験生を指導していると細部が気になり、本質的でない情報を求めてしまう人は少なくないと感じています。

厄介なことに、本質的ではない枝葉の情報ほど「何かすごそう」「真似しやすそう」に見えるため、魅力的に感じることが多いのです。細かい情報に振り回されるほど、本来時間を使うべきところがおろそかになってしまい、結果的に医学部合格まで遠回りをすることになります。

繰り返しますが、医学部に合格するための特効薬はありません。枝葉の情報や小手先のテクニックを求めるのではなく、本質を捉えることが大切です。

②プロセスに対する覚悟を決める

難しいことにチャレンジし結果を出すためには、努力するしかありません。

医学部は難関であり、小さい頃からずっと勉強してきた人や、ずば抜けて地頭の良い人がたくさん受験する学部でもあります。

入試本番、そのような受験生を相手に戦うのですから、特別なアドバンテージを持っていないと自覚している人は、ライバルよりも多く勉強するしかないのです。

結果を出すのに重要なのは、医学部に行きたいという強い気持ちではなく、プロセスに対する覚悟です。医学部に行きたい気持ちが強くても、プロセスに対する覚悟がない人はこうです。

・医学部に行きたい、でも長時間勉強はしたくない。
・医学部に行きたい、でもスマホもテレビもやめられない。
・医学部に行きたい、でも遊びたい。

一方、プロセスに対する覚悟を決めた人はこう考えます。

・長時間勉強をするのは辛い、でも医学部に行くためにやる。
・スマホもテレビも見たい、でも医学部に行くためにやめる。
・遊びたい、でも医学部に行くために今は遊ばない。

どちらが結果を出すのかは明らかですよね。

さて、努力することはもちろん重要ですが、その方向性が誤っていては結果が伴いません。長時間勉強しているのに結果がついてこない人は、努力の方向性がずれている可能性があります。

正しい方向で努力するためにも、次に説明する「常に自分で考える習慣」をつけることが大切です。

③自分で考える習慣をつける

自分自身で考える習慣は非常に重要です。自分で考えず現状をしっかりと把握していない場合、努力の方向性を間違えてしまうリスクが高くなります。

身もふたもないことを言うと、人のアドバイスって案外アテにならないことが多いです。受験に向けての戦略、具体的な勉強の進め方、スケジュールの立て方など、受験にまつわることのほとんどにおいて、「みんなに当てはまる正解」は存在しません。同じ相談をされたとしても、人によっても、時期によっても、場合によっても回答内容は大きく変わります。

大切なことは、まずは自分で考える習慣をつけることです。

この時、「自分自身で出した答え」という「結果」が重要なのではありません。

自分なりに状況を整理して、「今の自分はこういう状況で、こういう点について悩んでいるんだな。解決するためにはどうしたらいいんだろう」と考える「過程」が大切なのです。

自分自身で状況を整理してから質問するのと、何も考えずに質問するのでは、得られるアドバイスの質が大きく変わります。

そして、自分で考える習慣をつけると、次第に自律して勉強することが可能になります。指導経験上、自律して勉強できるようになった受験生は本当によく伸びます。

自律して勉強できるようになると、正しい戦略をたて、正しい優先順位で勉強を進め、うまくいかないことがあったら適切に修正できるようになるからですね。

何も考えずに質問し、言われるがままに物事に取り組む人と、自分で考える習慣をつけて、判断力を鍛えた受験生ではどちらが強いか。その結果は誰から見ても明らかだと思います。

第2章

医学部に最短距離で合格する勉強法

[1] 医学部に最短距離で合格する勉強法 -戦略編-

医学部に合格するために必要なことは**実は非常にシンプル**ですが、医学部に合格するために必要なことを誤解していると遠回りな勉強をしてしまいます。

この章では、医学部に最短距離で合格するために、絶対に押さえておくべきポイントをご紹介します。

[1-1] 全科目の基礎の徹底が最優先

医学部に合格するために最優先にすべきことは、「全教科の基礎を徹底すること」です。指導経験から、全教科の基礎を徹底することで医学部合格は可能であること、そして医学部に合格するために最も効率の良い勉強法だということがわかっています。

実際、これまで多くの医学部受験生を指導してきましたが、医学部に進学した生徒の約半数は全教科基礎問題集のみの習得で医学部に合格しています。その中には、国公立医学部や私立御三家をはじめとする難関医学部に合格した人も含まれています。

なぜ基礎を徹底することで医学部に合格することが可能なのか、大きく2つの理由を説明します。

理由①：入試で最も差がつくところは基礎力の有無

1つ目の理由は、全教科基礎を徹底するのは簡単なことではなく、合格者と不合格者の間で最も差がつくところだからです。残念ながら医学部に不合格となってしまう受験生の多くは、全教科の基礎が徹底できていない状態で入試に臨んでいます。

不思議に思われるかもしれませんが、基礎的な問題集と模擬試験の問題を分析してみるとご納得いただけると思います。

基礎が徹底できていれば、模擬試験で偏差値65以上を取ることが可能です。そして、模擬試験の偏差値で65以上の実力があれば、国公立、私立いずれにおいても合格できる医学部は数多く存在します。

つまり、本当に基礎ができていれば、どこかしらの医学部に合格できる実力がついているはずなのです。医学部に合格できなかった原因を丁寧に分析してみると、**「基礎すらできずに浪人が決まる人が多い」**というのが医学部受験の現状だとわかります。

「全教科の基礎の徹底」というと簡単そうに聞こえるものの、抜けを作らず膨大な試験範囲を習得しておく、というのは案外難しいことです。

基礎の徹底が易しいと感じる方は、高校の教科書を思い浮かべてみてください。教科書に載っている事項はすべて基礎的ですが、例えば理科の教科書は分厚い上に文字は小さく、情報量が非常に多いことがわかります。

入試の範囲は理科だけではなく英語や数学もあるわけですから、基礎事項だけでも覚えなければならない量は山のようにあります。

そして、教科書に載っていることを「ただ知っている状態」と、「理解した上で使いこなせる状態」や「細かい違いも区別した上で完璧に暗記している状態」は全くの別物です。

「教科書に載っていることなら知っている」とたかをくってしまう受験生は多いのですが、いざテストをしてみると知識が定着していないというパターンはよくあります。

このように、全教科全分野の基礎を完璧にすることは簡単なことではありません。最後まで基礎に抜けがある人が多いことから、基礎を徹底することで他の受験生と差をつけることが可能なのです。

理由②：入試では全ての問題を解く必要がないため

2つ目の理由は、医学部に合格するためには入試で満点を取る必要がないためです。

基礎問題集だけで医学部に合格できると説明すると、「さすがに国公立医学部や難関私立医学部は応用問題集を使ってないとダメですよね？」と質問を受けることがよくあります。

基礎が大事なのは分かったけれど、問題の難易度が高い大学においては応用問題の演習が最も大事なのではないか、という考えですね。

しかし、先ほどもお伝えした通り、基礎問題集の習得に専念して国公立医学部や難関私立医学部に合格する卒業生はたくさんいます。その中には、数学の難易度が高いことで有名な単科大学医学部や、理科の出題が特殊な難関私立医学部も含まれています。

こうした合格が可能な理由は単純で、「入試では全ての問題を解く必要がないため」です。例えば、問題の難易度が高い大学では、年度によっては合格者最低点が50％を下回ることもあります。出された問題の半分程度が解ければ合格できる試験、ということです。難問や珍しい問題も出されているけれど、そういった問題が解けなくても合格できる、すなわち、難問奇問は合否にほとんど影響していないという事例は少なくありません。難しい問題は目立つので取り上げられやすいのですが、その問題がどこまで合否に影響しているかはしっかりと見極めておく必要があります。

国公立医学部、私立医学部ともに、「全教科の基礎を徹底できているかどうか」は最も合否を左右します。まずは「全教科の基礎を固めること」を目標に勉強を進めることで、医学部合格までの最短ルートを歩むことができます。

【1-2】最も難しいのは試験範囲が広いこと

全教科の基礎を習得する上で最も難しいところは、「医学部入試の膨大な試験範囲に対し、抜けをつくらず徹底的に習得する必要がある」という点です。

医学部の試験科目は、英語、数学ⅠA・ⅡB・Ⅲ、理科2科目、（国公立はプラスで国語・社会）と、大学受験ではトップレベルの試験範囲の広さです。

この膨大な試験範囲を全て習得するのは想像以上に難しく、多くの受験生が苦戦するところとなっています。

さらに、医学部受験は受験生全体のレベルが高いため、1つの科目どころか、1つの分野でも抜けを作ってしまうと合格は困難となる、という特徴があります。

つまり、

・英語はよくできるが、数学が全然できない

・得意な数学は得点源になるけれど、嫌いな化学の暗記は抜けだらけ
・数ⅠA・ⅡBや英語の応用力はあるが、数Ⅲや理科の習得に穴がある

というように、科目や分野に抜けを作ってしまうのは絶対にNGなのです。

実際、医学部受験に失敗した原因をヒアリングしてみると、最も多い原因としては

・試験範囲が広く、全範囲の習得が間に合わなかった
・科目間のバランスを取って勉強できず、苦手科目を克服できていなかった

という2つが挙げられます。

「試験範囲が広すぎて習得が間に合わなかった」というのは、特に現役生にありがちな失敗例です。数ⅠA・ⅡBや英語の勉強に時間を使いすぎた結果、理科や数Ⅲの習得が不十分なまま受験に臨んでしまい浪人が決まる人は本当に多いです。

また、学校の授業の進度が遅いために、出題範囲の習得が間に合わなかったという人もいます。

もう1つの「科目間のバランスを取って勉強できず、苦手科目を克服できていなかった」という例も非常によく見られます。

受験生を見ていると、全科目バランスよく習得度を上げている受験生はむしろ珍しく、多くの人は科目間の成績に偏りがある印象です。

医学部受験対策を行う上で1番難しい点は、問題自体の難易度ではなく試験範囲の広さです。「全教科全範囲を抜けなく習得するためにはどうすればよいか」を最優先に考え、勉強の戦略を立てるとよいでしょう。

【1-3】科目間の最適なバランスはひとりひとり違う

全科目バランスよく習得することは大切ですが、「科目のバランスをとって勉強する」とは、「各科目同じくらいの時間をかけて勉強する」という意味ではありません。

目標にすべきことは**「最終的に科目ごとの完成度に偏りがないこと」**です。人それぞれ得意な科目や苦手な科目は違うので、最適なバランスというのは人によって変わってきます。

理想としては、ひとりひとり違ったカリキュラムで科目ごとのバランスを取った勉強をするのが良いのですが、一般的にカリキュラムは固定されていることがほとんどです。「数学が得意で英語が苦手な人」と「数学が苦手で英語が得意な人」が同じ配分で勉強する訳ですから、なかなかバランスの偏りは解消されません。

また、教科ごとに先生が異なることも、教科ごとの配分の最適化が意識されにくい原因の一つであると考えています。

わたし自身の高校時代を振り返っても、数学の先生は数学の宿題を課し、英語の先生は英語の宿題を課し、化学の先生は化学の宿題を課し……と、それぞれの先生がそれぞれの宿題を目一杯出す形式でした。

得意な科目も苦手な科目も同じくらい勉強してしまうと、苦手科目に割く時間が十分に確保できず、苦手をいつまでも克服できない、という失敗に繋がります。

「科目間のバランスが取れているかどうか」は合否に大きく関わるため、自分の状況を客観的に分析し、科目の配分が最適となるよう学習を進めるとよいでしょう。

【1-4】「総合点を上げること」を第一に考える

医学部受験は総合点勝負です。

よくない戦略としては、「特定の科目を極めることを目標にする」というものがあります。得意な科目の得点力を伸ばすという考えは一見良さそうにみえますが、合格可能性を考えると断然「総合点」を意識する戦略の方がおすすめです。

「数学が得意だから数学の難問演習に時間を割き、苦手な英語や化学は放ったらかし」という受験生を例に考えてみましょう。

数学の演習をどんどん進めて数学の実力を培うよりも、今まで放っておいた英語や化学の穴をなくす方がはるかに時間対効果が高く、合格可能性は上がります。

さらに、「特定の科目突き抜け型」には、合格可能性が安定しないというデメリットがあります。得点源にしたい科目の難易度を大幅に上げられた、もしくは周りと差がつかないほど易しくされてしまった場合、一気に合格可能性がなくなってしまうからですね。

特定の科目を伸ばして医学部に合格する人もいますが、かなりの少数派ですし、真似をするにはリスクが高すぎると言えるでしょう。

もう一点覚えておきたいこととして、「苦手な科目を得意科目に変える必要もない」という点があります。

例えば、もともと数学が苦手な場合、数学を得意としている人と張り合えるほど数学を伸ばすのは至難の業です。いくら時間をかけても、数学が得意な人と同じように得点できるようになるとは限りません。

数学で合格ラインを取れるようになったら、その後は理科や英語に力を入れた方が勉強した時間が得点に結びつきやすく、総合点を上げやすい可能性があります。

もちろん、数学の基礎ができていない状態では合格は難しいため、一定ラインの基礎力をつけることは大事です。しかし、一定ラインの基礎力をつけた後は、無理して深追いする必要もありません。

まとめると、苦手な科目はまずは「合格ライン」を目指す、それができたら「総合点を上げるために何をすると良いかを考える」という戦略こそ、最も効率的な総合点の上げ方と言えます。

[2] 勉強方法の原理原則とは ―実践編―

[2-1] 勉強には絶対に守るべき原理原則がある

勉強法には絶対に守らなければならない原理原則があり、勉強ができる人・成績を伸ばす人は例外なく原理原則を守っています。

一生懸命勉強しているつもりなのに成績が伸びてこない場合は、上滑りを起こしているなど戦略面で失敗している、もしくは勉強方法の原理原則を守れていない、のどちらかと考えてよいでしょう。

一方で細かい勉強方法は人によって様々です。例えば、暗記の仕方ひとつ取っても医学部合格者それぞれが異なる方法を取り入れているはずです。

大切なのは枝葉の方法論ではなく、原理原則を守っているかどうかです。
原理原則ができていない状態で自己流の工夫を重ねたり、枝葉のコツだけを真似しても成績を伸ばすことはできません。

具体的な例で考えてみましょう。

「英語の長文問題ができなくて悩んでいる」という受験生が、英語が得意な人に速読の方法や長文読解を説明してもらう、という状況を思い浮かべてみてください。

相談を受けた英語が得意な人は、長文を読むために色々な工夫をしており、その工夫をひとつひとつ丁寧に教えてくれました。
長文を読んでいる時の印の付け方、文の区切り方、緩急をつけて文章を読む方法、選択肢の吟味の仕方、長文の内容を要約するときのコツなどを懇切丁寧に教えたとします。
それを聞いた英語が苦手な人は、「この方法を実行すれば英文が読めるようになる！」と喜び、次のテストでそのやり方をそっくり真似してみました。

さて、この人は英語の成績が上がったと思いますか?

間違いなく、答えはＮＯです。

なぜかというと、英語の長文問題を解くために重要な原則は「単語、イディオム、文法、構文等の基礎を徹底的に習得すること」であって、これらができて初めて成績が伸びてくるからです。

単語や文法の習得が不十分なままでは、誰かのアドバイスを真似しても成績が伸びることはありません。

逆に、原理原則に従って正しい勉強法が実行できていれば、本人の自覚が伴わないまま成績が伸びている、ということがあります。英語で考えると、単語や文法の暗記などの基礎を徹底した上で英文を読む練習をするうちに、気がついたら長文問題に困らなくなっていた、という受験生は少なくありません。

成績を伸ばすためには、原理原則をおさえることがなによりも大切です。

原理原則は当たり前すぎてスルーしている受験生が多いのですが、「当たり前のこと」を徹底することで初めて成績が伸びてきます。

【2-2】勉強方法の大原則の例：アウトプット中心の学習

勉強方法の原則はいくつかありますが、本書では特に重要な「アウトプット」について説明します。

アウトプットとは、「答えなどを隠して、何も見ずに自力で再現すること」です。「何も見ずに」という点が非常に重要で、アウトプットをすることで初めて学習効果が生まれます。

「勉強は十分しているつもりなのに試験になるとできなくなる……」という場合、アウトプット中心の勉強をしていない、もしくはアウトプットの負荷が弱い可能性が高いです。

アウトプットの反対はインプットです。勉強においてインプットをする時間は大切ですが、インプットだけで満足してしまうと学習効果は得られません。

インプット中心の勉強は学習効果が低い上、「習得できた」という錯覚を起こしやすい性質があります。

テキストを繰り返し読むなどインプット中心の学習を続けると、次第に文章に慣れてきて「できてきた感」は得られます。しかし、実際の定着度はさほど上がっておらず、いざ試験で問題を解いてみると手が出ない……という事態を招くのです。

受験生によくあるインプット中心の勉強の例と、アウトプット中心の勉強を紹介します。

アウトプットしていないダメな勉強の例

・教科書や参考書の内容を、書き写したり声に出して覚える

テキストを見ながら行っていても学習効果はほとんどありません。「何も見ずに」教科書や参考書の内容を自力で再現してみる、という勉強が有効です。

・授業を聞くだけで勉強を終えている

授業を聞くのもインプットの時間です。授業後に問題を解く、暗記をする、時間を置いて復習する等、自分で演習する時間に学習効果が生まれます。

・まとめノートを作り満足している

まとめノートを「作って終わり」にしてしまうと記憶が定着しません。まとめノート作りを目的にするのではなく、アウトプットの手段として活用してみましょう。

例えば、覚えにくい箇所をアウトプットしやすい形でまとめ、模擬試験の前に復習をする、というのは有効な手段です。

・暗記したい箇所に付箋を貼っておく、マーカーを引いておく

付箋を貼るだけ、マーカーを引くだけでは暗記できるようになりません。こうした工夫をした上でアウトプットを行うのはＯＫですが、作業している段階では学習効果はありません。

アウトプット中心の正しい勉強

暗記事項であれば答えを隠して何も見ずに答えられること、数学や理科の問題であれば、答えや解説を隠し、計算過程も含め自力ですべて再現することを目標に進めます。

アウトプット中心の学習において、「優先順位を考えること」は非常に大切です。いきなり負荷が強いアウトプットをする必要はないので、学習状況に応じて適切なアウトプットを行いましょう。

理科で考えてみると、まずは問題集の問題を自力で解けることを目標にする、それができるようになれば、関連事項を暗記する、定義を見て何も見ずに説明できるようにする、公式を自力で導出できる練習をする、といった調子です。

自分の習得状況が上がるとともに、どんどんアウトプットの負荷を強くしていくイメージで進めるのがよいでしょう。

優先順位を無視して進めると、学習効率が悪くなってしまいます。

まだ基本を覚えていない状態で細かい部分まで暗記しようとすると、時間がかかる上になかなか定着してくれません。

はじめから完璧を目指すのではなく、より優先順位の高い項目から段階を追って取り組むことで、効率よく問題集を習得することができます。

[3] 学習効率を上げる方法

[3-1] 効率を上げるために最も効果的なのは自己分析

[3-1-1] なぜ自己分析が大切なのか

自己分析とは、**「現状から自分に不足している点は何かを考え、それを改善する方法を見つけていく」**というプロセスです。

学習効率を上げる上で自己分析は最も効果的な手段ですが、その重要性に気がついている受験生は少ないようです。

自己分析の大切さを、野球を例に解説します。

野球をしていて、「全然バットにボールが当たらない！」と悩んでいるとしましょう。この悩みを解決するために、「とりあえずバッティングセンターでひたすら練習をする」というのは、少し効率が悪いように思いませんか？

打てるようになるためには、「なぜバットにボールが当たっていないのか」を考えることが重要です。打てない原因がわからないままでは、いつまで経っても練習の効率を上げることはできません。

打てない原因を分析してみると、バットの持ち方がおかしい、バットを振るタイミングがずれている、バットの振り方がおかしい……など、人それぞれダメなところが見つかるはずです。

うまくいかない原因が明らかになると、例えば「バットの持ち方が悪いので、持ち方を修正する」というように、適切な改善策を出して練習に活かすことができます。

この、「できない原因を考えてそれを改善する方法を見つける」というプロセスこそが自己分析です。

うまくいかない時、自己分析をして自分の問題点を変えられるかどうかにより、その後の伸び方は大きく変わります。


勉強で考えると、「試験を受けた後に分析をしているかどうか」というのは、成績の伸びに直結します。分析をもとにした勉強と、そうでない勉強では効率が全然違ってくるからですね。


しかし、受験生の話を聞いてみると、模試や定期試験を受けっぱなしにしている人が多い印象です。

テストが返却されると点数や偏差値ばかりに着目し、失点原因の分析は行ったことすらない、という人も珍しくありません。

これでは、野球でいうところの「打てたか打てなかったか」という結果ばかりを気にして、「打てなかった原因」を考えていないプレイヤーと同じになってしまいます。

学習効率を上げるためには、自己分析が最も効果的です。

テストで得点できなかった場合は、「どこで失点したのか？」「なぜ覚えられていなかったのか？」を分析してみてください。

具体的に分析することで、「自分に不足していたこと」と「次に何をすべきか」が明確になり、勉強の効率を上げることができます。

【3-1-2】普段から自己分析をする習慣をつける

テスト後の分析が有効であるのはもちろんのこと、実は、受験においてあらゆることに自己分析は役立ちます。

日ごろの勉強の内容、問題集を進めるスピード、科目ごとのバランス、勉強時間や睡眠時間などの生活習慣、学校の勉強と塾の勉強の両立方法など、分析できることはいくらでもあります。

例えば、「問題集の進め方」ひとつ取っても、分析をしている人としていない人では習得度に大きな差が生まれます。

同じ問題集を使っていても、人によって成績の伸びの違いが生まれてしまうのは、「取り組み方を常に改善しようとしている人」と「取り組み方を変えず、ただ問題集を繰り返して満足している人」では何倍もの差が生まれるからです。

何も考えずにただ問題集を繰り返すだけでは、得られる効果には限りがあるため、分析をして取り組み方を変えていく必要があります。

先ほど、分析はあらゆることに役立つと言いましたが、分析するにあたってベースとなる考えは共通しています。

分析の基本となる流れは、

①現状の問題点を明らかにする
②問題点を解決するための改善策を考える
③改善策を実行する
④改善策を実行できたか、改善策は適切だったかを分析する

です。

そして、分析は行えば行うほど効果的です。毎月、毎週、毎日、勉強の区切りごとに分析する習慣をつけるとよいでしょう。

一つ覚えておいていただきたいこととして、「最初から完璧に分析できる人はいない」という点があります。

はじめは、何を分析すれば良いか、この改善策であっているかが分からず、うまくいかないこともあるかもしれません。

そこで諦めてしまうのではなく、分析する習慣をつけていくことで、分析の質は徐々に上がっていきます。

【3-2】困った時は優先順位を考える

【3-2-1】要領のいい人は優先順位の付け方がうまい

「要領がいい」というのは、「時間をかけるべきところに時間を費やし、それほど重要でないところは軽く済ませる」といった使い分けができることです。すなわち効率のいい学習ができている状態を指します。

一方、「要領が悪い」というのは、力加減に差をつけず全てに全力投球してしまったり、時間をしっかりかけるべきところをおろそかにしてしまう状態です。

同じくらい勉強時間を取っていたとしても、勉強時間あたりの成果が違うため、要領のよさによって得られる成果は変わってきます。

要領のいい人とは、言い換えると、優先順位のつけ方がうまい人です。「優先順位」は受験において非常に大切で、優先順位を適切につけることで学習効率を上げることができます。

例として、受験生から「○○はやった方がいいですか？」と相談を受ける時、わたしは必ず優先順位を考えています。

回答するにあたってよくあるのは、「いいか悪いかで言ったらやった方がいいけれど、こちらの方が優先順位が高いからまずはこれをやるべきだよね」となるケースです。

もし、基礎ができていないのに応用問題集をやるべきか迷っている人がいたら、「応用問題集をやるのが悪い訳ではないけれど、今の状況だったら基礎問題集の方が優先順位が高いよね」となる、ということです。


受験勉強において、「やった方がいいこと」は無限に出てきます。しかし、限られた時間の中で全てを完璧に行うことはできません。

「よりやった方がいいこと」つまり、より優先順位が高いことに力を注ぐことで、要領よく入試範囲を習得することができます。

【3-2-2】具体的な優先順位の付け方

問題集を進める時

問題集を進める時、使い始めたのはいいものの、進め方がわからず苦労した経験はありませんか？

「どこまで理解、暗記したらいいいんだろう」

「丁寧に進めたいけれど、そうすると時間がかかりすぎてしまう」

「どのくらいやれば〝問題集を完璧にした〟と言えるのだろう」

と悩んでいる受験生は多いです。


問題集を使う時は、まずはここまで、次はここまで、それができたら……というように、学習の優先順位を考えてみましょう。

筋トレをする時、初めから最大限の負荷をかけるのではなく、小さな負荷を段階を追って徐々に大きくするはずです。それと同じように、勉強も徐々に負荷を上げていくのが大切です。

最初から問題集の内容を隅から隅まで一気に覚えよう、完璧に理解しようとすると、かかる負荷が大きすぎます。一度にかかる負荷が大きすぎるとキャパオーバーになり、学習効率が下がってしまいます。

例えば、「問題集の1周目はまずは解答を理解できたらOK、2周目は解答を自力で再現できるか確認する、それ以降は、もっと深く理解したり、暗記の幅を広げていく」というように、ステップを一段一段上げてみましょう。

優先順位を考え、「現時点ではどこまで習得するべきか」を判断することで、効率をぐっと上げることができます。

模試前や入試前の復習の時

模試前や入試前は普段以上に時間が限られているため、頭から復習しようとしてしまうと、やるべきところの復習に手がまわりません。

前提として試験範囲全てを復習することはできないため、優先順位の高い教科・分野から復習していく必要があります。

ここでポイントとなるのは、「より基本的な内容を優先すること」です。試験で最も避けたいのは、「皆が解けている問題で失点してしまうこと」であるため、基礎事項の復習が最優先と言えます。

皆が解ける問題を確実に得点するためにも、しばらく復習していないために基礎事項が抜けている教科・分野を優先するとよいでしょう。

もちろん適切な優先順位というのは、人によって全然違います。同じ人でも、時期や他の科目の状況によって優先順位は変動していきます。

適切な優先順位を考えるためにも、普段から現状の分析をしていることが大切です。

第3章

科目別勉強法・選択科目の選び方

ここからは科目別の勉強法を紹介しますが、あまり細かいことは言わずに、絶対に守るべき原則のみお伝えします。

本書で紹介しきれなかった理科や国社の具体的な勉強方法、おすすめ参考書や問題集とその使い方は、ブログ「医学部受験バイブル」にて解説しています。

[1] 数学を勉強する時のポイント

【1-1】医学部数学勉強を始める前に

まずは基礎を徹底的に固める

医学部受験の数学において最も重要なことは、①基礎の徹底、②本質の理解、③高い計算力です。

たとえ難関の医学部であってもおさえるべきポイントは同じで、数学ができる人ほどこの3点が徹底されています。

基礎の理解ができていない状態で難易度の高い問題集に手を出したり、難しい講義を聞くのはおすすめできません。

実力以上の問題演習に取り組んだ場合、ほぼ確実に上滑りを起こします。上滑りした状態ではどんなに勉強しても成績が上がらないので気をつけましょう。

できるだけ早期に数Ⅲまでの基礎を習得する

医学部受験における数学の試験範囲は数学ⅠA・ⅡB・Ⅲまでと出題分野が多く、単純に習得に時間がかかります。

さらに、数学は短期間で詰め込めば伸びる科目ではないため、できるだけ早いうちに基礎力を底上げしておく必要があります。

現役生で学校の授業の進度が遅い場合は、自分で先取りで学習を行うとよいでしょう。

医学部では数Ⅲが頻出の大学が多く、数学ⅠA・ⅡBの完成度が高くても、数Ⅲで失点してしまうと大きく差をつけられてしまいます。

また、高校3年生になると、理科や英語などの他の科目の復習も重要であるため、数学の勉強ばかりをやる訳にもいきません。

早い時期に数Ⅲまでの基礎を習得し、本番にどの分野が出題されても大丈夫な状態で入試に臨みましょう。

【1-2】具体的な勉強の流れ

①本質を理解する

まずは各分野の基本の理解を大切にしましょう。数学で安定的に高得点を取るために必要なのは基礎力です。基礎力なくして応用問題を解くことはできません。

基礎力を身につけるにあたって重要になるのが本質の理解です。

本質が理解できていないのに問題演習だけを繰り返すと、ただの解法の丸暗記になってしまいます。解法を丸暗記している場合、試験で少し問い方を変えられると対応できません。

本質の理解をするためには、講義型参考書を使うのがおすすめです。

公式や定義の理解が曖昧である場合は、その意味や導出過程をしっかりと押さえましょう。そして、解けない問題があった時は、その解法を単純に覚えてしまうのではなく、「なぜその解法になるのか」「どうしてその式変形を使うのか」といった疑問を持ち、講義型参考書と照らし合わせて解決していくことが大切です。

②基礎問題集の解法パターンを徹底的に習得する

基本の理解ができたら、次は問題の解法パターンを習得します。

解法パターンを習得する上でのポイントは、①問題集の解法を自力で完璧に再現できるまで繰り返すこと、②解法パターンを理解を伴った状態で習得していることの2点です。

1つ目の「問題集の解法を自力で完璧に再現できるまで繰り返すこと」には、勉強方法の大原則で紹介したアウトプットが重要です。

解法を習得するにあたって、1回の演習で完璧に習得できる人はほとんどいません。多くの受験生は、少なくとも3回以上繰り返しアウトプットすることで解法パターンを習得していきます。

医学部に合格した卒業生の中には、「苦手な問題は10回以上繰り返した」と振り返る人もいるほど、繰り返しは重要です。

基本問題集に載っている全ての問題に対し、記述や計算過程も含めて自力で解けるようになるまでアウトプットを繰り返しましょう。

2つ目の「解法パターンを理解を伴った状態で習得していること」は、すなわち本質の理解が重要ということです。

「問題集の問題は解けるのに、試験になると解けない」とお悩みの場合は、問題集の問題をそのまま丸暗記してしまっている可能性が高いです。

問題集の解答を自力で再現できることは大切ですが、解答を単純に覚えてしまうと、試験問題に対応することはできません。解法パターンを習得する際は、「なぜそのような解き方で解けるのか」を考えつつ進めていくのがよいでしょう。

問題集の解説では理解しきれない箇所が出てきたら、講義型参考書に戻って本質の理解を深めてみてください。


ただし、最初から理由づけを完璧にできる必要はありません。

問題集を使い始めた時から理由づけを行うと、考えても考えても答えが出ず、習得効率が悪くなることがあります。

はじめは「この問題にはこの公式を使う」と一旦受け入れて演習し、慣れて余裕ができた段階で理由づけを行うことも有効です。

③計算力のレベルを上げる

「計算力」を軽く考えている受験生は多いのですが、医学部数学攻略において計算力はとても重要です。

受験本番は、厳しい時間制限の中でミスなく計算する力が求められます。医学部受験では少しのミスが合否を分けるため、素早く正確に計算できるよう準備しておかなくてはなりません。

計算が遅い・計算ミスが多い受験生の多くは、単に計算力を鍛えるための練習が足りていないだけです。計算力は練習を継続することで確実に向上します。

ただし、速く・正確に計算する力というのはすぐに身につくものではありません。計算力を鍛えるためには、毎日少しずつ計算練習を行うのがおすすめです。

計算力が上がると試験での得点力がつくのはもちろんのこと、時間あたりに解く量が増えるため、普段の勉強効率も上げることができます。

④問題へのアプローチを学ぶ

解法パターンを習得したら、あとは問題へのアプローチです。解法のアプローチの整理をしておくことで、初見の問題や分野を融合した問題に対応できるようになります。

解法パターンを1対1で使えるようになったら、「いつ・どこで・どのように使えるのか」「なぜその解法を選択しなければならないのか」を、パターンを整理した上で習得しましょう。

まずは同じ分野内で解法や公式を整理し、次に分野を越えて個別の事項に関連付けを行っていく、という流れがおすすめです。

一例として、最小値を求める方法を挙げると、

・とりあえず微分する
・平方完成
・三角関数であればsinかcosで1つに整理してθの範囲で求める
・グラフを書くなど図形的に処理
・相加相乗平均
・以上が当てはまらなければ、その他の解法を考える

と分野をまたいで解法パターンを整理することができます。

模試や過去問演習で手が出ない問題に出合った時は、どうしたら一歩目のアプローチができるのか、自分はどう考えて、どこがダメだったのか、などをじっくり考えるようにしてみてください。

分析をしないまま新しい問題に出合うたびに解法を丸暗記してしまうと、自力で新しい問題にアプローチできるようになりません。

注意点として、そもそも解法パターンがしっかり習得できていない状態では、アプローチ力を身につけることはできません。

まずは基礎の徹底と本質の理解を優先し、基礎力を身につけてから解法のアプローチに入ることで、効率よく数学の成績を伸ばすことができます。

[2] 英語を勉強する時のポイント

[2-1] よくある間違った英語勉強法

医学部受験生によくある間違った勉強法として、**英語力がつかないのを読解力のせいにして長文読解を繰り返してしまう**という事例があります。

指導経験上、英語が苦手な人の大多数は、読解力のトレーニング不足ではなく、基礎事項の習得が不十分です。

基礎事項とは、単語・イディオム、文法、構文などです。単語・イディオム、文法、構文を総合的に習得することで正確に文を読むことができ、そこで初めて長文読解ができるようになります。

基礎が固まっていない状態でたくさん長文を読んでも効果はありません。読解力を鍛える前に、まずは基礎力を見直すことが大切です。

実際に、苦手な英語を大きく伸ばして難関医学部まで合格した卒業生のほとんどが、成績が大きく伸びた原因を「単語・文法事項の暗記」だと回答しています。

英語は総合力勝負のため、勉強内容が成績に反映されるまでに時間がかかる科目ですが、諦めずに毎日コツコツと継続しましょう。

【2-2】具体的な勉強の流れ

①単語・熟語・イディオムの暗記

単語・熟語・イディオムの暗記は英語力の基礎となります。基礎事項の暗記を徹底することとはシンプルですが簡単ではなく、時間もかかる作業です。

英語の学習を開始したらまずは単語文法の習得に集中し、できるだけ短期間で暗記してしまうようにしましょう。

よくある誤解　医療英単語を暗記しておく必要がある

医学部入試の英語では医療テーマの長文が出題されることも多く、医療に関わる英単語をよく目にするかと思います。

ただし、医療単語の習得はほとんど合否に影響せず、医療単語の習得よりも一般的な英単語・イディオムをしっかりと暗記し、文法事項を習得できているかの方がはるかに重要です。

医療単語の暗記を行う際は、基礎が徹底的に習得できた後、補足程度に行うのがよいでしょう。

②文法事項の習得

英文法の習得をすることで、文法問題が得点源となるのはもちろんのこと、長文問題の成績の伸びにも繋がります。

まずは講義型参考書を読んで基本的な文法事項を理解しましょう。

特に、ＳＶＯＣなどの文型、自動詞と他動詞、修飾のルールなどは、ほぼ全ての問題を解く際に必要な知識であり、英語の得点力を伸ばすために必須と言えます。

基礎事項が一通り理解できたら、文法問題集に取り組みます。掲載されている事項をすべて暗記できるまで、アウトプットを繰り返しましょう。

選択肢から答えを選ぶ問題は、正解を選ぶだけでなく「その選択肢が正解である根拠」や「他の選択肢が間違いである理由」を考えるのがおすすめです。

③英文の読み込み

単語・文法の習得が一通り完了したら、英文の読み込みに入ります。

英文を速く・正確に読めるようになるためには、

「正確に読む（精読）→速く読む（速読）→長文問題演習」

の順に習得していくことが大切です。

この順番が逆転し、まずスピードから上げようとするのはNGです。はじめはスピードはゆっくりでいいので、文を正確に訳せるようになりましょう。

STEP1：精読力を身につける

文を正確に訳すために必要なのは精読力です。文構造を取ることで、初めて英文の内容が正確に理解できるようになります。

文構造を意識していない場合、単語を順番に訳し、それらを勝手に組み合わせて「何となく意味が通りそうな和訳」を作ってしまいます。このような読み方では、内容を誤読してしまったり、文章のレベルが上がった途端に内容が把握できなくなったりします。

文構造を取るためには、大前提として単語やイディオム、文法を習得していることが必要です。その上で、基本的な精読用の問題集を使用して、文構造の取り方を練習し、基本となる構文の暗記を行いましょう。

構文を暗記する時のポイントは、文法事項を理解した上で暗記しておくことです。構文の問題集を進める中で、文法上どのような構造なのかわからなくなったら、講義型参考書を用いて調べましょう。

よくある誤解　医学部受験の英語対策＝難解な構文の読解

医学部受験生の中には、精読の応用問題に取り組んでいる受験生が少なくありません。しかし、医学部入試では過度に難解な構文を訳させたり、難易度の高い英作文を課すような試験はごく一部の大学に限られています。

多くの医学部においては、基本的な構文を理解し暗記することで対応可能です。

STEP2：速読力を身につける

医学部の英語では、試験時間に対して分量の多い長文が出題されることが多く、「いかに速く長文を読んで設問に回答できるか」が重要になります。

速読力をつけるには、返り読みをせずに読む練習をしましょう。

返り読みをなくすためには、英文を何度も読み込んで、訳し下さなくても英文の意味が取れる読み方に慣れることが効果的です。

このトレーニングを継続することで読むスピードが格段に早くなります。

注意点として、速読力を身につけるためには、すでに基礎事項を徹底的に習得していることが前提となります。

まだ精読が十分にできない場合、速読しようとすると前から単語を追いながら、ただ単語を順番に訳してしまいます。

文構造がわからないまま単語を追うだけで読んでいる状態と、文構造を理解した上で（頭の中で構造を組み立てながら）前から読んでいる状態は、全くの別物です。

精読が十分にできない状態で無理に速く読んでも、英文の内容は正確に把握できず、設問に対応することはできません。必ずSTEP1→STEP2の順番で勉強を進めましょう。

STEP3：長文問題演習を行う

英文を速く正確に読めるようになったら、長文問題演習を行いましょう。

長文問題演習を行う際は、時間を測り制限時間つきで演習します。入試本番は時間制限が厳しいことが多いため、少し短く時間制限を設けるのもよいです。

演習後は、自力では解けなかった問題について分析を行いましょう。間違えた問題を分析することで、「単語・熟語」「文法」「構文」「精読」「速読」「読解」のどこが不足していたのかがわかるはずです。もちろん、原因は1つとは限らないので、「単語と構文が原因で解けなかった」というように複数の原因が見つかることもあります。

単語や文法といった基礎的な事項は、一回覚えても時間が経つと抜けてくるものです。基礎事項の抜けを感じたら、こまめに復習を行いましょう。

「読解」での失点については、「自力で正解するためには、どう読んだら良かったのか」を考えてみるのがポイントです。分析して得られた改善策は、次に長文問題演習を行う際に活かすことができます。

問題集で演習ができたら、後は共通テストの過去問や二次試験の過去問で演習を行いましょう。

[3]　理科を勉強する時のポイント

【3-1】物理と生物どちらを選ぶべき?

医学部入試では、理科3科目（物理・生物・化学）のうち2科目を選択する方式が取られています。

＊一部の大学では、理科1科目で受験可能などの例外があります。

ほとんどの方は化学を選択し、物理か生物の2択で迷われていると思いますので、物理と生物それぞれのメリット・デメリットについて解説します。

医学部なら物理選択が有利と言われることは多いのですが、全員に物理がおすすめできる訳ではありません。

自分がどちらに適しているか吟味した上で、科目選択を行うのがよいでしょう。

物理選択のメリットとデメリット

結論からお伝えすると、物理はメリットもデメリットも大きい科目です。

まずは、物理のメリットについて説明します。

物理は、暗記量が少ない科目です。医学部受験は他科目の暗記量も多いことから、暗記量が少なく済むという点が大きな魅力です。

また、一度理解してしまえば問題の形が変わっても得点できることから、高得点を出しやすい科目でもあります。共通テストや中堅の私立医学部レベルであれば満点を狙うことが可能です。

「暗記量が少なく高得点を取りやすい」というメリットを聞くと、物理選択の方がいいのでは、と考える受験生は多いと思います。

もちろん、「物理受験にして正解」という受験生もたくさんいるのですが、むしろ物理を選択してしまったために、医学部合格が大きく遠のいてしまう受験生もいます。

物理の最大のデメリットとして、本質の理解と数学的な処理ができない限り、いくら勉強しても点数を取れない可能性がある、という性質があります。

物理の「暗記量が少ない」というメリットを裏返せば、「最も暗記が通用しない科目」です。

問題集を何周も繰り返し演習し、問題集に載っている問題はすらすらと解けるようになったとしても、丸暗記して解いてしまっているのなら意味がない、ということです。

本質を理解していない場合、試験で少しひねった出題をされると1問目から手をつけられず、大量失点に繋がる恐れがあります。

さらに、物理は難易度が上がれば上がるほど数学的な要素が増してきます。平面幾何の処理能力や三角関数の知識、微分の知識も必要になってきます。

数理の処理能力も大切です。医学部入試では理科2教科セットで時間設定をされているところが多いのですが、物理の解くスピードが遅いともう1科目の足を引っ張ってしまうことになります。

物理のデメリットをふまえると、数学的思考が苦手、もしくは数学的な処理に苦手意識がある人は、物理を選ばない方が安全と言えるでしょう。

生物選択のメリット・デメリット

生物選択のメリットは、勉強すれば着実に合格ラインに達することができる点です。

生物で得点できるようになるためには、一定以上の勉強時間は必要ですが、しっかりと対策しておけば点数は安定し、得点源にすることができます。

医学部の問題を分析すると、基礎事項を徹底的に暗記することで、生物の合格点は取れる大学が多いことがわかります。

応用的な考察問題の中には、読解力・記述力が問われる問題も一部含まれていますが、あくまでもベースは基礎事項の暗記です。そのため、たとえ読解力が必要な問題を解けなかったとしても、生物の合格者最低点を取れるケースがほとんどです。

暗記量は多いものの、勉強した分確実に得点できることは最大の利点と言えます。

次に、生物のデメリットですが、実は、生物選択には大きなデメリットはありません。

あえて挙げるとすれば、物理選択に比べて、高得点が取りにくいというデメリットがあります。

しかし、医学部合格のために必要なのは高得点を狙いにいくことではなく合格点を確実に取ることなので、あまり気にしなくてもよいでしょう。

ちなみに、最難関医学部では物理選択者が多いと言われていますが、これは生物選択者が不利になっている訳ではありません。

最難関医学部合格者には数学が得意な受験生が多く、数学が得意な人は物理を選択する傾向にあるためと考えられます。

物理がおすすめな人・生物がおすすめな人

おすすめの理科選択をまとめると、このようになります。

- 数学が得意な受験生は迷わず物理
- 数学に不安がある受験生は迷わず生物
- どちらとも言えない場合、安全策を取るなら生物

受験生が一番避けたいことは、「数学と物理がどちらも苦手」となってしまい、数学・物理・化学・英語の4教科のうち2教科も苦手科目を抱えることです。

物理が有利だと思って選択したのに、結果的に足を引っ張るようでは本末転倒です。客観

的に自分の状況を分析した上で、適切な理科選択を行いましょう。

【3-2】理科で大切なのは基礎の徹底と本質の理解

化学、物理、生物の勉強で共通して重要なのは基礎の徹底と本質の理解です。

まずは、基本的な問題集を使用し、基礎を固めましょう。掲載されている問題が全て理解でき、解説の通りに自力ですらすら解けるようになることが目標です。

基礎を徹底するために重要なことは、本質の理解です。理解が伴わないまま問題集の答えを丸暗記しただけでは試験問題を解くことはできませんし、教科書を隅から隅まで覚えようとしても点数に繋がりません。

問題集を使う時は、講義型の参考書を併用し、用語の定義・公式の成り立ちや使い方を理解した上で問題演習を行いましょう。

基本事項の理解ができたら、

「現象の仕組みを何も見ずに説明できるか」

「どうしてこのような現象が起こるのか」

「どうしてそれが大切なのか（＝意義は何か）」

「類似事項との相違点・共通点は何か」

というように、様々な角度から理解を深めていくことも有効です。


本質の理解に基づいて暗記した知識は定着が深く、視点を変えた出題にも対応することができます。講義型参考書と問題集を併用し、本質の理解とアウトプットを重視して進めましょう。

[4] 国語・社会よりも英語・数学・理科の実力が重要

国公立医学部の場合は、英語・数学・理科に加え、共通テストの国語・社会も必須科目です。

国語・社会を勉強する時の落とし穴は、「英数理の実力が不十分な状態で、国語・社会に勉強時間を使いすぎる」という戦略です。

私立医学部はもちろんのこと、国公立医学部においても、最も合否に影響するのは英語・数学・理科の実力です。

英数理の実力が不足していると、共通テスト・学科試験の両方に対応できず、合格可能性は大きく下がります。

一方、英数理の実力がしっかりついていれば、国語・社会で多少失敗したとしても、二次試験でカバーすることが可能です。

国公立医学部合格者の得点を分析すると、「国語・社会の点数はあまり良くないが、英数理で得点できたため合格できた」という例は数多く存在します。

一方で、「国語・社会の点数は良いが、英数理の実力が不十分」という状態で合格した人は、現時点ではひとりもいません。

国語・社会の勉強は、英数理の実力がついた上で行うのがよいと言えるでしょう。

おすすめしている科目別の優先順位はこの通りです。

①英数理の実力をつけた後、
②古文漢文と社会の知識を詰め、
③余裕があれば現代文の対策をする

英数理の実力がついたら、暗記が得点に繋がりやすい科目である古文漢文・社会の勉強を始めましょう。

現代文は勉強量が得点に比例しづらいことから、時間をかけて勉強するのは推奨できません。他科目に余裕がある人以外は、最低限の対策で済ませることがおすすめです。

[5] 最短で合格点を目指せる社会科目

社会科目を選ぶ際には、できる限り効率よく合格点を目指せる科目がおすすめです。

先ほど書いた通り、社会単体で高得点を取るよりも、英数理の実力を向上する方が優先順位が高いためです。

どの社会科目を選択できるかは、大学によって異なっています。半数以上の国公立医学部では、社会は「日本史」「世界史」「地理」「倫理政経」のいずれか1科目を選択する形式です。この中では、「倫理政経」が最も短期間で合格点を取ることができる科目です。

それ以外の選択肢として、「倫理のみ」「政経のみ」「現代社会」のいずれか1科目だけで受験可能な大学もあります。これらの科目は、他の社会科目に比べて勉強量が1／3から1／4で済むため、明らかに有利だと言えます。

これから社会科目を選択する場合は、まずは「倫理のみ」「政経のみ」「現代社会」から検討するのがおすすめです。

もちろん、今の時点で社会の点数に困っていない場合は問題ないので、選択科目を変更する必要はありません。

第4章

試験本番のパフォーマンスを鍛える

[1] 試験本番のパフォーマンスは合否をわける

医学部受験において最後の最後に重要になるのは「試験本番のパフォーマンス」です。どんなに勉強して成績を伸ばしても、本番に力を出すことができなければ医学部に合格することはできません。

スポーツで考えてみましょう。

野球においてバッティングやキャッチボールなどの普段の練習も重要ですが、それだけでは試合に勝つことはできません。試合中の動きやチームプレーなど、試合本番に向けた練習をする必要があります。

そして、「練習で身につけたことを本番でしっかりと発揮する」というのは簡単なことではありません。

バッティング練習で打てていても、試合で打てなければ得点にはなりません。キャッチボール練習で正確に送球できていても、試合でエラーを連発するようでは評価はされません。練習ではメニューが決まっていて、馴染みの練習メンバーと行うからできていたことも、知らない選手と対峙すると急にできなくなったりします。

何より、試合本番は予想しない出来事がよく起こります。事前に試合の流れを予測しておくことはできず、その場のとっさの判断が勝敗を分けることもあります。

スポーツの場合、試合でうまくいかなかった場合には振り返りを行い、本番で実力を発揮するためにはどんな練習をしたらよいかを考えると思います。パフォーマンスの振り返りと本番に向けた練習が大切なのは、スポーツの世界では当たり前だと言えるでしょう。

医学部受験においても同じように考えることができます。

問題集演習を通して「1問を解く力」を鍛えることは重要ですが、それができるだけでは不十分です。試験を解くスピードやケアレスミス対策をはじめ、試験本番に向けた練習をする必要があります。

普段どれだけ問題をすらすら解いていても試験本番で解けなければ合格できませんし、ケアレスミスが多いために不合格となる受験生はたくさんいます。

また、はじめて見る問題を解く訳ですから、普段使い慣れた問題集とは違って予期できないことも出てきます。

受験本番は誰もアドバイスをくれないので、その場で自分で考え、瞬時に判断する必要があります。

厳しい時間制限があり、独特の緊張感がある入試本番で、実力を発揮するのは簡単なことではありません。

普段から試験本番に向けた練習を行い、本番のパフォーマンスを鍛えておくことが大切です。

[2] 模試の成績と本番の合否は単純に比例しない

今まで多くの医学部受験生を指導した経験から、「模試の成績と医学部の合否は単純に比例しない」ということがわかっています。

具体的には、模試の偏差値が70取れていてもすべての医学部に不合格になってしまう人もいれば、直前の模試の偏差値50台から医学部に合格する人もいます。

特に、模試の偏差値が70以上あってもどこの医学部にも合格できない、というケースは決して珍しくありません。模試の偏差値は絶対的な指標ではなく、偏差値が高ければ必ず医学部に合格できる訳ではないのです。

模試の成績と合否が一致しない理由として、「試験本番のパフォーマンス力の違い」が挙げられます。

いわゆる本番に弱い受験生に話を聞くと、緊張によりケアレスミスを連発したり、試験中に頭が真っ白になってしまって文章が読めなくなったり、いつもは解けるはずの問題も難しく感じて解けなくなる、という傾向があります。

模試の結果を見ると十分学力はあるのに、本番で実力を発揮できない人は、試験本番のパフォーマンス力に原因があると言えます。

その一方で、本番に強い受験生もいます。

これは決して「本番でいきなり頭が良くなって、普段は解けない問題もすらすら解けるようになる」という訳ではありません。本番に強い人とは、「試験本番でもいつもと同じパフォーマンスを発揮できる人」を指すと考えています。

では、本番に弱い受験生と本番に強い受験生の違いはどこにあるのでしょうか。次の項目で解説していきたいと思います。

[3] パフォーマンス力の違い＝試験の解き方の違い

卒業生にヒアリングをしていくと、本番に強い人と本番に弱い人では「試験の解き方」が決定的に異なることが判明しました。

わたしたちは、〝本番に強い人〟はどのように試験を解いているか、逆に〝本番に弱い人〟が起こしてしまいやすい失敗は何かを分析し、**「正しい試験の解き方」**をマニュアル化しています。

「試験の解き方」の指導を行うようになったところ、同じ成績帯からの医学部合格率が大きく向上し、偏差値50台からの医学部合格者が多数見られるようになりました。

これから、パフォーマンスを左右する試験の解き方について説明していきます。

【3-1】試験本番で失敗してしまう人の共通点

本番に弱い人（＝本番で実力が出し切れない人）の失敗原因を分析してみると、共通点が見えてきます。

よくある失敗例は、

・時間を意識せず夢中で解いた結果、想像以上に時間が過ぎていて、解けるはずの問題に手が回らなかった
・緊張で焦ってしまい、普段はしないようなミスを連発してしまった
・難しい問題を解こうとして全く方針が立たず、頭が真っ白になってしまった

というものです。

試験本番の失敗の共通点は、本番で全問題解こうとする、いい点を取ろうとするなど、実力以上の力を出そうとしている時に起こります。

「試験でいい点数を取りたい！」という気持ちは当然のことであり、多くの受験生が思っているはずです。

しかし、試験でいい点数を取ろうとするのは、自分で自分にプレッシャーをかけることになり、完全に逆効果となります。

中には試験で１２０％の力を出そうとしている人もいるのですが、普段の勉強や模試でできないことが、本番でいきなりできるようになるはずがありません。

本番で安定して実力を発揮するために最も重要なことは、得点すべき問題を確実に解くことです。

試験本番はいい点数を取ろうとせず、いつも通り淡々と解いて焦りを防ぐことで、結果的にいい点数に繋がります。

【3-2】本番に強い人の試験の解き方

〝本番に弱い人〟に共通点があるのと同じく、〝本番に強い人〟にも共通点があります。

本番に強い人の解き方のベースにある重要な考え方は、**「とにかく失敗するリスクを減らす」**というものです。成功する確率を上げようとしているのではなく、失敗する確率を減らそうと考えているということですね。

「成功する確率を上げたい！」と考えるのは受験生として当然の心理ではあるのですが、それが仇となって失敗に繋がることは少なくありません。

先ほど〝本番に弱い人〟の共通点に出てきた通り、実力以上の力を発揮しようとした結果、プレッシャーが倍増したり、パニックを起こしやすくなってしまいます。

試験で（結果的に）いい点数を取るためには、失敗するリスクを最小限にすることを目標にするとよいでしょう。それでは、具体的に3つの例を挙げて紹介します。

①時間配分を意識し、解くべき問題から着実に解く

失敗例

大問1の問題を解くのに集中した結果、大問1が終わったときに試験時間の半分が過ぎてしまっていた。試験時間が残り少ないことに焦ってしまい、そのあとミスを連発してしまった。

こうした失敗の原因は、時間配分を考えずに問題を解いていることです。問題の中には、場合分けが多い・計算過程が煩雑になる等、解答を出すまでに非常に時間のかかるものもあります。そういった問題にのめり込んで解いてしまうと、失敗するリスクは上がります。

特定の問題に時間を使ってしまうと、「時間があれば解けるはずの問題に手をつけられなかった」「あと少しで解けた問題があったのに、時間切れになってしまった」という状況を

招きやすく、得点できる問題を取りこぼしてしまいます。

試験を解く時は事前に時間配分を考えておき、配分された時間を超えそうな問題は一旦飛ばすことが大切です。解くべき問題を解いた後で、時間がかかりそうな問題や解法に自信がない問題に戻ってくるのがよいでしょう。

② 検算や確認を徹底し、ケアレスミスを防ぐ

失敗例

試験本番の緊張から、普段はしないようなケアレスミスを連発してしまった。
模試では大丈夫だったのに、本番でマークをずらして記入してしまった。

医学部受験はミスが許されない試験であり、ケアレスミスをなくすことは成績を伸ばすことと同じくらい重要です。

得点開示をしてみると、「ほんの数点だけ合格者最低点を下回っていた」という受験生は

毎年大変多いです。医学部受験は、「ほんの数点」で合否が分かれる厳しい戦いだと言えます。

もし、各科目でケアレスミスが1つずつでもあると、合計10点以上の差になります。ケアレスミスの有無は合否に直接影響するほど重要事項なのです。

試験の出来が良くないことをケアレスミスのせいにして、「ケアレスミスがなければ受かっていた」と言い訳をしている人は、早めに認識を改めておきましょう。

「ミスがなければ点数が取れる」と思っている受験生もいますが、受験本番でだけ急にミスがなくなるなんてことはありえません。

ただでさえ試験本番は緊張するため、普段からケアレスミスをしやすい人は入試になるとさらにミスが増える可能性があります。ケアレスミスを軽く見ず、解き方から見直していくことが大切です。

注意点として、「ミスを減らすように気をつける」という心がけだけではミスはなくなり

ません。

ケアレスミスが多い原因は、不注意な性格等の問題ではなく、ミスを誘発するような解き方をしているからです。

例を挙げると、

・条件の見落とし→問題文を読むのが雑
・計算ミス→暗算が多い
・マークずれ→マークをした後確認する習慣がない

などがあります。

ケアレスミスが少ない人には、「ミスをしない工夫」をする習慣があります。

例えば、「問題文の条件の見落としがないか確認すること」「自分が解いた計算過程にミスがないか検算すること」等です。

一見当たり前のことではありますが、ミスが多い受験生ほど手を抜いている印象です。ケアレスミスを防ぐために、試験中はこまめに検算・確認を行う習慣を作るとよいでしょう。

③ 本番の判断力を鍛える

試験本番、すべてが想定通りに進むことはありません。

「急に試験の傾向が変わった」「得意科目で大失敗してしまった」など、予期せぬ出来事が起こることはよくあります。

受験生の話を聞いていても、試験本番すべてが順調に進んだ人はほとんどおらず、大抵は何らかのハプニングやアクシデントを経験するようです。

そんな時、最も大事なのが、**状況を冷静に捉えてどうすべきかその場で判断すること**です。

試験本番は誰からのアドバイスももらうことができないため、自分で判断する力を養う必要があります。

試験本番の判断力は、模試や過去問演習で鍛えることが可能です。

あまり意識していなくても、模試や過去問演習でも予期せぬ出来事は起こっているはずです。例えば、大問1の問題が序盤から解けなくて、焦った経験をしたことがある人は多いのではないでしょうか。

試験を終えたら、試験中の自分の判断が正しかったかを振り返ってみましょう。「この問題で粘らず、次の問題に進んだ方がよかったな」「数学の大問1が解けなくて焦ったけど、単純に問題の難易度が高かっただけだったな」といった具合です。

後から振り返ってみると、試験中の自分の判断が間違っていたと気づくことがあります。判断が間違っていると気づいた場合は、「同じような事態が起こった場合、本番はどのように対処しようか」という点を考え、改善策を本番に活かしましょう。

[4] 試験中のメンタル管理術

試験本番のパフォーマンスを語る上で、最後にお伝えしたいのはメンタル管理です。

メンタルが弱い、強いというのは、もともとの性格や考え方によるところも大きいですが、メンタルは精神論ではなく、技術的に鍛えることができます。

前提として、メンタルを管理するにあたっては、自分自身で考えることが最重要となります。なぜなら、メンタルを崩してしまう原因やタイミングは人によって全く違うため、「メンタルが落ちたときはこうすればいい！」という皆に当てはまる正解はないからです。

メンタル管理において分析すべきこととは、「メンタルが崩れた理由を見つけること」と「メンタルを立て直すために、どうすればいいかを考えること」の2点です。

試験中の焦りを例に挙げて、具体的なメンタル対策をご紹介します。

STEP1．試験中の焦りを分析する

試験中に焦ってしまった時、まずは「自分はどのような状況だったのか」を思い返してみ

ましょう。次に、「その時何を考えたのか、その状況をどのように捉えたのか」を分析していきます。

焦った状況とは、例えば「わからない問題を見つけたときに焦ってしまった」などです。これはすぐに思い出せると思いますが、ここで終わってはいけません。

大切なのは、**「焦った状況だけでなく、その時自分が何を考え、その状況をどう捉えたのか」**です。

メンタルが強い人と弱い人の違いは「状況の捉え方の違い」によって生まれます。「よく知っているはずの問題なのに、ど忘れしてしまって解法を思い出せない」というのは誰にでも起こりうるハプニングですが、その捉え方は人によって様々です。

メンタルが弱い人は、この状況を「勉強したのに忘れてしまった。しっかり復習しておけば良かった。どうしよう」と、自分を責める傾向があります。

一方で、メンタルが強い人は「あ、忘れていた。まぁ知識の抜けは皆にもあるよね。今は解けるものをきちんと取ればいいや」と考え、自分を責める捉え方をしていないことが多いです。

同じハプニングに遭遇した際、メンタルが弱い人と強い人では捉え方が全く違うことがわかります。たとえ同じ状況に陥ったとしても、捉え方の違いによって、上手く切り替えられるか否かが変わってくることがわかりますね。

そのため、試験中に焦ってしまった時は、「自分がその状況をどう捉えたのか、何を考えたのか」まで分析することが大切です。

STEP2．次回に繋がる解決策を考える

試験中の焦りが分析できたら、次は解決策を考えます。

解決策を考えることが苦手、という受験生は多いため、まずは解決策の考え方の悪い例と良い例をご紹介します。

悪い例

焦った状況：「わからない問題を見つけたときに焦ってしまった」

↓

解決策：「わからない問題を見ても焦らないようにする」

いかがでしょうか。よく挙がる解決策なのですが、実は何の解決にもなっていません。こういった抽象的な分析では、また次回もわからない問題を見たら焦ってしまう可能性が高いです。

解決策を考えるために、重要になるのがＳＴＥＰ1．で考えた捉え方です。問題点は、わからない問題を見つけた時の自分自身の捉え方にあるため、ここを改善することで初めて次に繋がる解決策を見つけることができます。

良い例

焦った状況：「わからない問題を見つけたときに焦ってしまった」

↓

試験中の捉え方：「ちゃんと復習していなかったせいだ。自分の努力が足りないから解けないんだ」

↓

解決策：「わからない問題を見つけた時は、知識の抜けは誰にでもあり、珍しいことではないと捉える。それよりも今解ける問題を優先して解く」

このように、試験中に焦りを生み出す原因となった「捉え方」に焦点をあてて分析してみましょう。

もし、自分でなかなか思いつかなければ人に聞いてみるのもひとつの手です。人に捉え方を相談する時は、状況を特定した上で尋ねるのがコツです。

捉え方はその人にとっての常識（＝無意識で考えていること）なので、「焦ったときどうしていたか」などザックリと尋ねてしまうと、自分が求めていた回答は返ってきません。有効なアドバイスをもらうためには、特定の状況をピンポイントで聞いてみるとよいでしょう。

STEP3．良い捉え方を練習する

捉え方の違いには性格の違いも関係していることから、すぐにうまくいくとは限りません。もともと完璧主義な人は自分を責めてしまいやすく、急に楽観的に捉えるようにすることは難しいことです。

試験中に良い捉え方ができるようになるためには、何度も練習する必要があります。試験中にメンタル面で問題が起こった時は、必ず振り返りを行い、改善策を考えましょう。繰り返しメンタル面の分析を行うことで、次第に捉え方を変えていくことが可能です。

はじめはうまくいかなくても、諦めずにメンタル面の分析を継続することが大切です。何度も練習することで、徐々にメンタルを管理することができるようになります。

第5章

模擬試験の活用・受験校の選び方

[1] 偏差値や模擬試験を正しく活用する

受験に臨むにあたって、偏差値や模擬試験の判定を正しく理解することは重要です。

偏差値や判定の捉え方を間違えてしまうと、数字に振り回されて誤った判断をしてしまって、メンタルダウンに繋がる可能性があります。

これから、そもそも偏差値とは何なのか、そしてその活用方法について説明していきます。

[1-1] 偏差値は順位で捉える

まずは偏差値について正しく理解し、活用できるようにしましょう。

偏差値はよく使う指標ですが、一体何を表す数値なのでしょうか。

偏差値とは、テストの難易度、受験生の学力や点数の分布などの条件を均一化させ、「自分は受験生全体の中でどの立ち位置にいるか」を知ることができる指標です。

偏差値は順位で捉えることで、正しい活用方法が見えてきます。

「偏差値を5上げる」という状況を考えてみると、偏差値を60から65に上げるのと偏差値を65から70に上げるのでは、同じ「5の差」でも難易度は大きく異なります。

全体を10万人とする受験生の点数が正規分布している場合、偏差値と人数(割合)の対応はこちらです。

偏差値50→上位50%		50000人
偏差値55→上位31%		31000人
偏差値60→上位16%		16000人
偏差値65→上位6.7%		6700人
偏差値70→上位2.3%		2300人
偏差値75→上位0.6%		600人

この通り、偏差値を60(上位16%)から65(上位6.7%)に上げるためには、倍以上の集団に入るよう成績を上げなければいけません。つまり、半数を追い抜かないといけないのです。

偏差値を65から70に上げるためにはさらに3倍近く追い抜かないといけないことがわかります。偏差値65というと、他の受験生も優秀で努力をしているため、それを追い抜くのは簡単なことではありません。

よく「偏差値を10上げる勉強法」といったノウハウを見かけますが、偏差値50から60に上げるのと偏差値60から70に上げるのでは、かかる労力は全く別物です。

偏差値は数字自体を目標にするのではなく、順位で捉えることがおすすめです。順位で捉えることで、自分がどの受験層(受験生のレベル)にいるかを把握することができます。

【1-2】模擬試験の判定について

模擬試験の判定を重視している受験生も多いと思うので、判定についてもご説明します。

ある大手予備校の模擬試験の合格判定は大学ごとの偏差値ボーダーをC判定として、そこから2.5刻みで判定を行っています。

例えば、ボーダー偏差値が70の大学であれば、左記のような判定となります。

偏差値75以上　↓ A判定

偏差値72.5－75　↓　B判定
偏差値70－72.5　↓　C判定
偏差値67.5－70　↓　D判定
偏差値67.5未満　↓　E判定

偏差値がわかれば、判定は自動で計算できるということです。試験によっては、仮に全教科で満点を取ってもA判定が出ない医学部が存在することもあります。

模擬試験や判定は、医学部合格の可能性を直接反映する絶対的な指標ではありません。判定がよくなくても、医学部に合格する人はたくさんいます。

判定が下がったからといってメンタルが崩れてしまっては本末転倒です。あくまでも参考程度の指標と考えるのがよいでしょう。

【1-3】模擬試験は何のために受けるのか

偏差値や判定の活用方法はお分かりいただけたでしょうか。偏差値や判定を出すことが目的ではないとなると、模擬試験は何のために受けるのか疑問に感じるかもしれません。

模試を受ける目的は大きく3つあります。

①試験の解き方の練習ができる

第4章に出てきた通り、試験の解き方を身につけておくことは医学部合格において不可欠です。もちろん普段の勉強でも工夫してできることはありますが、やはり一番効果的なのは模擬試験を受ける中で自分のパフォーマンスを確認し、分析することです。

時間制限があり緊張感がある中で、時間配分の工夫やミスを減らす解き方を練習し、本番の判断力やメンタル面の分析を行いましょう。

②自分の基礎力のチェックができる

模擬試験を受けることで、基礎力がしっかりとついているか、自分の苦手なところはどこかを探すことができます。特に大手予備校の模擬試験は、基礎力をチェックするために良い問題が出題されています。

基礎力が身についていれば解ける問題を中心に出題されるため、普段の勉強では気づきにくい自分の弱みを見つけ出すことが可能です。模擬試験で自分の弱点を見つけることで、勉強方法を修正できるという大きなメリットがあります。

③普段の勉強内容を分析する材料となる

先ほど出てきた通り、学習効率を考える上で分析は非常に大切です。そして、模擬試験は分析の材料としてもってこいです。

模試で間違えてしまった箇所は、まずは「なぜ間違えたのか」を考えてみましょう。失点原因がわかると、自分に何が不足しているのかが明らかになるはずです。

暗記の仕方で甘いところがないか、理解は十分にできているのか、科目や分野のバランスは取れているかなど、普段の勉強内容をより良くできないか考えてみましょう。

[2] 受験校選びは合格可能性を左右する

医学部受験において成績を伸ばすことはもちろん大切ですが、受験校の選び方次第で合格可能性は大きく変わってきます。

前年度の受験では全ての医学部で不合格だったという受験生でも、受験校選びが適切であればきっと合格していただろう、というケースも少なくありません。

これから、医学部受験の受験校選びにおいて重要となるポイントについて解説していきたいと思います。

【2-1】医学部の学費

【2-1-1】医学部の学費の相場

医学部というと「学費が高そう」というイメージがあると思うので、まず学費について説明します。

国公立の医学部と私立の医学部で学費は大きく変わります。

国公立の医学部の学費は、ほぼ全ての大学で共通しており、6年間の総額が約350万円程度です。他の学部と年間の授業料は変わりませんが、学生期間が6年間と長い分、総額としては他学部よりも高くなります。

私立医学部の学費は、大学によって大きな差があります。2021年執筆時点で、最も安い私立の医学部は国際医療福祉大学で、6年間で1850万円です。最も高いところは川崎医科大学の4550万円です。私立医学部の学費を平均すると、6年間でだいたい3000〜3500万円くらいになります。

特殊な私立医学部に、防衛医科大学校と自治医科大学、産業医科大学があります。これらの医学部では、一定期間定められた病院や地域に勤務することで、学費が免除されたり、奨学金がもらえる制度が設けられています。

私立医学部の学費は年度によって変更されることがあり、時には大きく変化することがあります。例えば、２０２０年東京女子医科大学では、６年間で１２００万円の値上げが発表されました。

ブログ「医学部受験バイブル」では、最新の学費情報をランキング形式で掲載していますので、詳しい情報はブログをご覧ください。

【2-1-2】私立医学部は限られた家庭の人しか通えないのか

国公立医学部と私立医学部は学費の桁が違うため、限られた人しか私立医学部には通えないのではないか、と感じる方もいらっしゃると思います。

たしかに、両親が医師であったり、裕福な家庭の学生が多い傾向はあります。しかし、わたしのようにサラリーマン家庭育ちで奨学金を借りながら私立医学部に通う学生も少なくない印象です。

噂では、「私立医学部の学生は私生活が派手だから、一般家庭の人が行くと浮いてしまう」「寄付金が必須で、6年間で1億円必要らしい」といったものがありますが、これは明確に「ウソ」と断言できます。

もちろん私生活が派手な学生もいますが、そういった学生が集まって目立っているだけであって、友達づくり次第でどうとでもなる印象です。

寄付金事情は大学によっても違いますが、寄付金が必須な大学の方が珍しく、わたしの大学でも寄付金はあくまでも任意です。

結論としては、「たしかに裕福な家庭の人が多い傾向はあるが、サラリーマン家庭から進学しても大きな問題はない」と言えるでしょう。

ただし、同じ「私立医学部」といっても、一番安いところと高いところでは約2500万円の差があります。学費が高くなればなるほど、裕福な家庭の学生の割合は高くなるため、大学によっても雰囲気に差は出てくるかと思います。

【2-1-3】サラリーマン家庭から私立医学部に通う方法

わたし自身もサラリーマン家庭から私立医学部に進学しているので、実際にどのようにして学費を工面しているのかを解説していきます。

結論から言うと、奨学金制度を利用することで学費を用意することができました。奨学金制度を利用すると、どのくらいの金額がカバーできるのか見ていきましょう。

まず一番多く利用されているのが日本学生支援機構の奨学金です。日本学生支援機構の奨学金は、大きく第一種、第二種に分かれています。

第一種は無利子です。月額約6万円なので6年間で約432万円ほど借りられます。

第二種の奨学金は有利子ではあるものの借りられる額も大きく、メインの奨学金です。金額は自分である程度設定できて、私立の大学では最大月16万円まで借りることができるので6年間で約1100万円ほどになります。

第一種と第二種を併用すると6年で1500万ぐらいは借りられることになります。

ただし、奨学金の取得には審査があり、世帯年収等で基準が定められています。特に第一種の場合は審査基準が厳しいため、実際に借りることができるかは事前に確認しておいた方がよいと思います。

（参考　日本学生支援機構の奨学金について：https://www.jasso.go.jp/shogakukin/）

次に利用されているのは大学の個別の奨学金です。大学によって制度は異なりますが、良心的な医学部では給付型奨学金があったり、無利子で借りられる奨学金が複数ある医学部もあります。

その他には、自治体や病院が行っている奨学金があります。基本的には、自治医科大や産業医科大などと同じで、卒業してから決められた年数を特定の病院や特定の診療科で働くことを条件としています。

このように、奨学金制度はかなり充実しており、奨学金を活用することで選択肢を増やすことができます。

当塾の卒業生で私立の医学部に進学した医学生の中には、給付型奨学金と貸与型奨学金を組み合わせて3000万円以上を受け取っている人もいます。

活用方法によっては、6年間の学費の大部分を奨学金でまかなうことも可能と言えるでしょう。

【2-1-4】国公立専願の難しさと注意点

国公立大学医学部の最も難しいところは、「共通テスト」と「二次試験」どちらも失敗が許されないこと、そして前期試験で出願できるのは1校のみであるという点にあります。

どんなに実力があっても「共通テスト」か「二次試験」のどちらかで失敗してしまうと、合格可能性が一気になくなってしまいます。万が一、体調を崩してしまったり、緊張で大きなミスを1回してしまうと、それだけで不合格がほぼ確定してしまうということです。

一方、私立医学部は、日程が被らなければ何校でも併願が可能です。合格ライン以上の実力がついている受験生なら、「すべての試験で失敗」さえしなければ、いずれかの医学部に合格することができます。

このような背景から、国公立専願者と私立併願者には、1つの試験にかかるプレッシャーに差が生まれます。国公立専願の場合は、1回も失敗が許されないという重圧から、緊張やミスを誘発しやすい状態となります。

これまでのデータから、国公立医学部が第一志望の受験生であっても、私立医学部の併願を増やしておくと、結果的に国公立医学部の合格可能性も上がることがわかっています。

もうひとつ知っておくべきこととして、遠方の国公立大学に進学する場合、それ以外にかかる費用まで含めて計算しておく必要があります。

例えば、家賃や光熱費、生活費などに月10万円かかるとします（実際はもうすこしかかることが多いです）。すると、6年間の総額は、10万×12ヶ月×6年間で720万円となります。国公立大学医学部の学費の6年間総額は約350万円ですから、生活費と合わせると1000万円がみえてきます。

前年度は国公立専願だったけれど、よく調べてみると私立医学部も受験可能だったという受験生は毎年少なくありません。

単純に学費を比較するのではなく、学費以外の費用も含めて考えるのがおすすめです。

【2-2】国公立医学部の選び方

【2-2-1】国公立医学部を選ぶ時期

当塾では、共通テスト（旧センター試験）の受験後に生徒個別に受験推奨校をお送りしています。なぜこのタイミングかというと、国公立医学部において共通テストの点数が合否に影響しており、共通テストの結果次第で推奨校が大きく変わるからです。

国公立医学部の合否は、共通テストの点数と大学別の学科試験の点数の合計点で決まります。ある大学を志望していたとしても、共通テストでボーダー得点を大きく下回ってしまうと、その時点で出願することができなくなります。

（厳密には、足切りに遭わない限り出願はできるものの、合格可能性がほぼない状態となっ

てしまいます）

また、「共通テストと大学別の学科試験の得点比率」や「共通テストの科目別配点（傾斜配点）」は大学ごとに異なります。

共通テストの比率が大きく、共通テストの得点が合否に最も影響する大学もあれば、共通テストの比率が小さく、学科試験の得点が重視されている大学もあります。共通テストの点数と二次試験の学力を総合的に考えることで、初めて最適な受験校選びが可能となります。

科目ごとの配点比も大学によって様々です。例えば、国社の点数が圧縮される大学や英語の配点が大きくなる大学、理科の配点が大きい大学などがあります。

科目ごとの配点比を計算した結果、素点と傾斜配点では、1‐2％の違いが生まれることも珍しくありません。

以上から、共通テストの受験後こそ、国公立医学部の受験校選びに適切な時期であると考えています。共通テストの点数や傾斜配点、二次試験の学力をもとに受験校を選ぶことで、合格可能性を最大にすることができます。

【2-2-2】共通テスト後に出願校を決めても過去問演習は間に合う？

共通テスト後に出願校を決めると聞いて、不安に思われるのは「過去問演習や志望校対策は間に合うのか」という点だと思います。志望校対策の必要性については後で出てくるので、まずは過去問演習について説明します。

結論から言うと、共通テストが終わってからでも過去問演習は間に合います。過去問演習を繰り返せば実力がつく訳ではなく、取り組む年数を増やすほど本番の点数が上がる訳でもありません。

共通テストが終わってから国公立医学部の二次試験まで1ヶ月はあるので十分に演習は可能です。これまでの指導経験から、過去問演習の演習数よりも、共通テスト本番の点数の方がはるかに合否に影響することがわかっています。

【2-3】私立医学部の選び方

【2-3-1】学費と偏差値はほぼ反比例する

私立医学部の特徴として知っておきたいことは、「学費と偏差値はほぼ反比例する」ということです。すなわち、学費が安い医学部ほど難易度が高く、学費が高い医学部ほど難易度が低い傾向があります。

同じ私立医学部でも、学費帯によって難易度は大きく変わるため、まずは「どの学費帯の大学まで通えるのか」を決めておくことが大切です。

例えば、学費が2500万円以下の医学部は難易度が非常に高く、国公立医学部と同等か、大学によってはそれ以上の難易度となっています。2500万円~3000万円の大学はやや難易度が下がるものの、求められる英語数学理科のレベルは高いです。

経験としては、学費が3500万円以上になると、合格難易度が下がってくる印象があります。実際、これらの医学部は、当塾からも毎年「偏差値50台からの合格者」が複数出ています。

学費の差によって医学部の合格しやすさには大きな違いが生まれるので、出願可能校の学費帯は早めに検討しておくとよいでしょう。

【2-3-2】合格可能性を最大限にするために

合格可能性を最大限に上げるためには、「学費的に受験可能かつ成績的に合格可能性のある大学から、できるだけ多くの大学に出願しておく」というのが重要です。

受験校を増やすほどチャンスは増えるので、特に合否のボーダーラインにいる受験生こそ、チャンスを増やしておくのがおすすめです。

後で詳しく説明しますが、過去問の相性や問題の難易度、各教科の配点などは、合格可能性にほとんど影響しません。

受験校を絞れば絞るほど合格可能性は失われていくため、出願時は対象を広げておくのがおすすめです。

よく聞かれる相談として、「何日も連続して受験すると疲れてしまい、良くないのではな

いか」という不安があります。たしかに受験が連続すると疲れるのは事実ですが、「疲れるから合格できない」という根拠はありません。

実際に受験生を指導していると、試験後半の方がパフォーマンスが悪いという傾向は全くないことがわかります。むしろ、回数を重ねて試験慣れした結果、後半に進むにつれて結果がよくなる人の方が多い印象です。

入試が始まるまでは「体力に自信がない」と話していた人も含め、受験後に話を聞くと、「出願数は適当だった」と振り返るケースがほとんどです。逆に、「もう少し出願数を減らしておけばよかった」と後悔する例は、ここ数年間で一度もありません。

出願時に受験疲れを気にする必要はないと言えるでしょう。

【2-4】よくある間違った受験校選び

×過去問との相性で選ぶ

「過去問演習の手ごたえがよかったところを受験校にする」というのは一見正しそうですが、医学部に合格した卒業生のデータを分析してみると、過去問の相性と最終的な合否は関係しないことがわかります。

過去問演習で相性がよかった大学で不合格だったけれど、過去問演習の相性が最悪だった大学には合格した、という例は山ほどあります。

そもそも、「過去問の相性がいいから得点しやすかった」というのは、別に相性がよいのではなく、単にその大学の問題が解きやすいだけという場合が多いです。

自分にとって問題が解きやすいということは、つまり他の受験生にとっても「相性がよい」ということなので、合格可能性が上がることにはなりません。

過去問は大まかな傾向や試験形式をみるのに役立ちますが、受験校選びの指標としてはほとんど役に立たないと言えるでしょう。

×問題の難易度で受験校を決める

「出題されている問題の難易度で受験校を選ぶ」というのはよくある選び方ではあるものの、注意が必要です。

例えば、国公立医学部を考えた際、総合大学と単科医科大学を比較すると、問題の難易度自体は単科医科大学の方が高い傾向にあります。

単科医科大学の中には、大学入試の中でもトップレベルの難易度の出題をする大学もあります。過去問の内容を見て単科医科大学の受験を控える受験生は少なくない印象です。

しかし、問題の難易度が高いほど、受験難易度が上がる訳ではありません。繰り返しになりますが、受験難易度に一番影響するのは受験層（＝誰が受験するか）です。出題される問題が解きやすくても、優秀な受験生がたくさん出願していたら合格難易度は必然的に上がります。逆に、問題の難易度が高くても、受験層のボーダーを超えていれば合格可能性は十分ある、ということになります。

実際、当塾の卒業生で、数学が苦手な受験生（偏差値55程度）が、数学の難しさで有名な某単科医科大学に合格した例があります。本番の学科試験では、数学の手ごたえが20％程度だったようですが、センター試験や他教科で十分得点できていたため、トータルで合格点を超えました。

もし、この受験生が問題の相性だけを考えて出願校を選び、より難易度の高い大学に出願していたら、合格は危なかったかもしれません。偏差値の高い大学ほど受験層のレベルも高いので、数学でのビハインドを他の科目で取り返すことが難しくなってしまうからです。

「問題の難易度」よりも「受験層のレベル」の方が合否に影響するため、科目の難易度はあくまでも参考程度に見ておきましょう。

×科目配点で受験校を決める

似たような話では、科目ごとの配点で有利になりそうな大学を選ぶ、というのもあまりおすすめできません。

科目ごとの配点は大学によって違っており、特定の科目の配点が高い大学や、ある科目の配点が低い大学もあります。

このことから、数学が苦手ならば数学の配点が低い大学を受験すると有利になるのでは？と考える受験生は多いかと思います。しかし、数学の配点が低いからといって、数学が苦手な受験生全員におすすめできる訳ではありません。

具体的に、このような受験生を考えてみましょう。

Aさん

・英語、理科の偏差値は68

・数学の偏差値は62

この場合、「数学の配点は低い偏差値70の大学」と「数学の配点が他の教科と変わらない偏差値65の大学」を比較すると、後者の方が合格可能性が上がるということです。

Aさんの例で考えると、偏差値70の大学では得意の英語や理科でも合格ラインを下回る可能性を考えなければいけません。いくら数学の配点が低くても、他の教科で合格ラインを下回ってしまうと、Aさんに有利な試験にはなりません。

配点比よりも受験層の方が合否に関わるので、科目ごとの配点比で受験校を選ばないように気をつけましょう。

Q. 大学の雰囲気や医師国家試験合格率を考えるべきか

受験校を選ぶ段階では、国家試験合格率や大学の特徴、卒業後の進路などを考える必要はありません。受験校を選ぶ際は、「合格可能性を高めること」を最優先に考えるのが重要です。

おすすめしているのは、「合格した大学の中から、国家試験の合格率や大学の特徴などを考え、進学先を決定する」という選び方です。

出願時に進学先の優先順位をつけようとすると、選択肢が多く時間がかかります。しかし、実際に合否が出ると、あまり悩む必要はなかったということもあります。A大学とB大学ではどちらがいいか迷っていたけれど、フタを開けるとA大学にのみ合格するといったケースですね。

進学先を決めるときは、合格した医学部の中から比較検討した上で選ぶのが効率的です。通常、合格してからでも悩む時間は十分にあります。

[3] 志望校対策（大学別対策）について

【3-1】全教科全分野を習得してから過去問に入る

「早めに志望校を決めて過去問演習をした方がいい」とアドバイスを受けた方もいらっしゃると思います。しかし、実のところ早い時期から志望校対策をするメリットはありません。

まだ全教科の基礎が習得できていない場合、大学の過去問にチャレンジしても解けない問題がたくさん出てきてしまいます。この状態で問題に取り組んでもあまり学習効果はなく、解き直しをしても答えの丸暗記で終わる可能性が高いです。

せっかく時間をかけて過去問に取り組むのなら、全教科の基礎を習得し終わってから演習した方が効率がよく、弱点の分析や試験の解き方を練習する上で有意義に活用することができます。

そして、早い時期からの志望校対策はメリットがないどころか、「基礎の習得がおろそかになりやすい」というデメリットがついてきます。

過去問演習に時間を使いすぎてしまうと、基礎の習得にかける時間がどんどん少なくなってしまい、結果的に理科や数Ⅲの習得が間に合わなくなるという失敗に繋がります。

順番として、まずは全教科全分野の基礎を抜けなく習得し、それができてから過去問演習に入るのがよいでしょう。当塾では、基礎の習得が一通りできている受験生に対し、例年9月頃から過去問演習を課題に組み込んでいきます。

【3-2】志望校対策は合否に影響しない

指導する中で徐々に分かってきたことではありますが、志望校対策は医学部合格に必須ではありません。

志望校対策が合否に大きく影響するのであれば、「過去問演習の有無」や「過去問演習の回数」によって合格率に差が生まれるはずですが、実際のところ、そのような傾向は全く見られません。

わかりやすい例としては、複数の大学を受験する予定の現役生で、時間の都合で過去問演習をこなせる大学が限られていた卒業生がいました。私立御三家の過去問演習は一度も行わずに受験に臨みましたが、結果として、国公立・私立御三家を含む複数の医学部に合格できました。

意外に思われるかもしれませんが、このように過去問演習を行わずに臨んだ大学に合格した卒業生は決して少なくありません。

難関医学部の中には、全教科とも難易度が高く、出題が特徴的な大学も多くありますが、合格するために特別な対策が必須という訳ではありません。

しっかりと実力がついていれば過去問演習をしなくても合格できますし、実力がついていない場合はいくら特別対策を行っても合格することはできないと言えるでしょう。

【3-3】どのくらい志望校対策に時間をかければいいか

これまで説明してきた通り、志望校対策は「やればやるほど合格可能性が上がる」というものではありません。過去問演習は基本的には1年分行い、大まかな出題形式や傾向をつかんでおけば十分です。

過去問演習よりも全ての科目の網羅的な復習をする方が優先順位は高いため、それ以上の演習回数は各教科の復習状況とのバランスをみながら決めていくとよいでしょう。

あまり知られていない注意点としては、志望校に特化した対策に集中してしまうと傾向が変わった時に柔軟に対応できず、パニックになる危険性があります。

医学部受験の出題を分析すると、年度によって難易度や試験形式がガラッと変わることが頻繁にあります。

例えば、前年度までは問題の難易度が低かったのに、急に難問中心の出題となるといったケースです。

この場合、過去問をやり込んで「○○大学の数学は簡単だから得点源にしないと！」と思い込んでいる受験生ほど危険です。問題が解けない時、「解けなければいけないはずなのにどうしよう……」と自分を追いつめてしまい、不要な焦りが生じてしまいます。

また、試験形式が急に変わることもあります。大問の数が減った、増えたといった小さな変更はもちろんのこと、ある年からいきなり自由英作文が出題されるようになった、という事例もあります。

第4章で紹介した通り、試験本番で最も大切なのは試験の解き方を徹底し、失敗するリスクを減らすことです。正しい試験の解き方を身につけておくと、問題形式や難易度に関わらずあらゆる試験に柔軟に対応できるようになります。

指導経験から、全ての試験に対応可能な試験の解き方を習得することは、特定の大学への最適化を行うよりもはるかに効果的だということがわかっています。

【3-4】学校や予備校が志望校対策を勧める訳

右記の通り特別な志望校対策や、早い時期からの過去問演習は医学部合格のために必須ではなく、むしろ逆効果になってしまうことも多いです。しかし、学校や予備校では志望校対策を勧められることがあると思いますので、その点について解説します。

まずは学校の先生についてです。学校の先生は「過去に医学部に現役合格した人がやっていたこと」をそのまま勧めることが多い印象です。「医学部に現役合格した卒業生が早い段階から過去問演習をやっていたから、医学部受験生はそれを真似するとよいだろう」という考えですね。

ここで考えておきたいのは、序章で出てきた「相関関係」と「因果関係」の話です。医学部に現役合格する人の中には、早期から基礎が完成されており過去問演習に入る余裕があるという受験生が多い傾向にあります。早い時期から過去問演習を行ったから合格できたのではなく、早い段階で受験に対応できる基礎力がついていたから合格できた、と捉える方がよいでしょう。

次に予備校についてです。多くの予備校では、受験が近づくと「○○大学特別講座！」という大学別対策講座が開設されます。これは、大学別対策講座を行う明確なメリットがあるためです。

1つ目は、ビジネス的に利益が出る点です。夏期講習などの短期講習と同じく、通年の授業料プラスアルファでの収益となります。複数の大学を受験する生徒さんの場合、受験校全ての大学別講座を申し込むとそれだけでかなりの金額となります。

2つ目は、受講生の実績を合格実績に反映することができるためです。夏期講習といった短期講座や、大学別対策講座の受講者も合格実績に入れている予備校は少なくありません。

大前提として、医学部受験は短期間の詰め込みや直前の志望校対策で何とかなるほど甘くありません。

本当に短期講習や志望校対策が特効薬のように有効なのであれば、1年間かけて通塾する必要がありません。わざわざ新しい生徒を募集しなくても、すでに通っている生徒さんに全力でその対策を施せばどんどん医学部の合格者が出るはずです。

特別講習に魔法のような力がある訳ではなく、予備校のメリットのために実施されていると考えるのが自然だと思います。

第6章

医学部の面接小論文対策

医学部受験では、現在ほぼ全ての大学において学科試験に加えて面接小論文試験がありま す。大学入試で面接小論文試験を行う学部は珍しいため、どのような対策を行えばよいか困っている方もいらっしゃるのではないでしょうか。

医学部の面接小論文試験対策は、受験生によく誤解されているところでもあります。こちらの章では、医学部の面接小論文試験が行われる目的や具体的な対策を解説していきます。

【1】面接小論文対策を始める前に

対策内容に入る前に、面接小論文試験について知っておくべき情報を整理します。間違った情報に振り回されてしまうと無駄な対策に時間を費やしてしまうため、よくある誤解はここで解消しておきましょう。

【1-1】なぜ医学部受験で面接小論文試験が行われるのか

医学部面接小論文試験のよくある誤解は、「医学部の面接小論文試験では、医師としての資質が問われるので、入念に対策しなければならない」というものです。

実は、医学部の面接小論文対策は、時間をかけて入念にする必要はありません。面接小論文試験を終えた生徒に話を聞くと、最も多い声は「拍子抜けするような試験だった」というものです。逆に、「もっとしっかり対策すべきだった」という感想は一度も聞いたことがありません。

「なぜ医学部受験で面接小論文試験が行われるのか」がわかると、このような感想に納得できるかと思います。

医学部受験で面接小論文が行われる背景には、「いくら勉強面で優秀でも、人間性に問題がある生徒を入学させたくない」という考えがあるとみています。

例えば、病院実習では、医学生が患者さんと直接話す機会があります。その際に学生が患者さんを傷付けてしまうような発言、患者さんを不快にさせる態度を取ったとしたら、大学としても病院としても大問題になります。

人間性に問題がある学生が入学してしまった場合、大学にとって不都合が大きいため、入学の段階で評価しておこう、となるのだと考えられます。

また、軽い気持ちで医学部を目指して入学してしまうと、医学部の勉強に耐えられずに途中で大学を辞めてしまう可能性があります。医師として働くことをある程度しっかり考えているかをみるためにも、志望動機を聞く大学が多いのだと考えています。

【1-2】面接・小論文のハードルは高くない

医学部面接・小論文試験の対策本を見ると、模範回答例で専門的な内容が挙げられていたり、踏み込んだ考えまで載っていたりすると思います。

また、オープンキャンパス等で医学生の話を聞くと、高尚な医学部志望動機が挙げられていたり、ボランティア等の高校時代の活動が熱心だったりして、「立派な人でないと医学部に合格できないのでは」と不安に感じる方もいらっしゃるのではないでしょうか。

結論から言うと、全然そんなことはないです。どの大学も医学部の定員は100人程度ですが、本当に様々なタイプの学生がいます。

もちろん、中には高校時代に部活動で華々しい実績を残していたり、医療分野に詳しく自分なりの意見を持っている人もいます。しかし、決してそのような「しっかりとした人」ばかりではなく、「ふつうの人」もたくさんいます。

オープンキャンパスやパンフレットで取り上げられる学生は特に優秀な人が多いために、「イメージする医学生像」のハードルが上がってしまうのかもしれません。


もう1つのよくある誤解として、「面接小論文対策として、医療分野の知識を身につけなければならないのではないか」というものがあります。

受験の時点では、医療分野の知識はほとんど求められません。医療の知識は大学に入学してから6年間かけて学ぶので、大学の先生の多くは「大学に入ってから身につければよい」と考えているはずです。

一般的なニュースで取り上げられるほど社会的に問題となったトピックは頭に入れておくと良いですが、それ以上の詳しい知識は入試の時点では合否に影響しないと言えます。

【1-3】医師の適性で悩みすぎない

少し話が逸れますが、「医師の適性」についてもお話ししておきます。「医師の適性」と聞くと、何が思い浮かびますか？

一般的に挙げられているものとしては、コミュニケーション能力が高いこと、責任感が強いこと、リーダーシップがあること、勉強熱心であること、体力があること等があるでしょうか。

こういった「医師の適性」をみて、「自分は医師の適性がない、医学部を目指すべきではないのか」と悩んでしまう医学部受験生は多いのですが、あまり考え込む必要はないのではないかと感じています。

医師や医学生をみても、体力がなかったり、人と話すのが得意ではなかったり、学生時代に責任感があまり芽生えていない、といった人はいます。全てを兼ね備えているスーパーマンのような人物もごく稀にいますが、決してそのような人ばかりではありません。

自分が診療を受けた時を考えてみると、すべての医師がコミュニケーション能力が高い訳ではない、というのは何となく想像できるかと思います。医師の中にもいろいろな人がいますから、医学部受験生が「医師の適性」をクリアしていなければ医学部に入れないということとはありません。

大学のオープンキャンパス等で「求められる医師像」についての話を聞くと、どうしてもハードルが上がってしまうと思います。しかし、そこで語られるのは大抵の場合、大病院で働く臨床医としての「理想の医師像」です。

医師には、臨床医以外にも、研究医、厚生労働省で働く官僚、企業で働く産業医など、様々な働き方があります。臨床医であっても、診療科や病院によって雰囲気は全く異なります。ひとくくりに「医師の適性」というには無理がありますし、全員が「理想の医師像」に当てはまる必要もないので、肩の力を抜いて考えるとよいでしょう。

【1-4】面接小論文対策は短期間で行う

面接小論文試験に特別な対策は必要なく、最低限のポイントを押さえていくことが大切です。

多くの医学部では学科試験の順位が重要視されており、基本的に学科試験の点数順に合否が決まります。面接小論文試験での点数の差はほぼなく、よほど不適切な発言や態度を取った学生のみ不合格にするという形で行われています。

このような試験では、面接小論文試験でどんなにいい印象を与えようと特に合否には影響せず、学科試験で1点でも多く得点することが重要と言えます。

一部の大学では、面接小論文の内容を重視し、合否に影響している場合もあります。それでは、面接小論文試験を重視している大学の場合、試験対策に時間をかけるべきなのかというとそうではありません。

なぜなら、本当に面接を重視されると小手先のテクニックや事前の対策が通用しなくなるためです。

例えば、医師志望動機などの典型的な質問には、ほとんどの受験生がすらすらと答えられるので差はつきません。

しかし、典型的でない質問をすると、その受験生の考える力や自分の考えを相手に伝える力は簡単に分かります。事前に想定した質問の範囲を超えた途端に何も言えなくなったり、不適切な発言をしたりすると、面接官はすぐに見抜きます。

受験生の考える力や対応力、判断力を試しており、これらはテクニック的に身につくものではありません。面接小論文を重視している大学ほど、事前に対策がしにくい、もしくは事前対策に効果がないような出題をする傾向にあります。

小論文試験でも全く同じことが言えます。

小論文では国語力や文章力が評価される印象がありますが、医学部の小論文試験は国語の問題ではありません。

卒業生の中には文章を書くのが非常に苦手な方もいますが、小論文が原因で不合格になったケースはなく、逆にいくら文章がうまくても学科試験の得点が不十分だと合格は困難です。最低限守るべきポイントをおさえていることが大切であり、面接小論文対策に時間をたくさん割くよりも、学科試験の点数を少しでも上げた方が合格可能性は高くなります。

そもそも私立医学部では、学科試験である一次試験に合格しなければ面接小論文試験を受ける機会すら用意されません。面接小論文に時間を使いすぎた結果、学科試験がおろそかになるようでは元も子もないので、学科試験対策を最優先に考えましょう。

[2] 医学部の面接対策

事前に対策できることは案外シンプルなので、ポイントを押さえて準備を行います。

対策しておくべきポイントはこちらの4つです。

①面接でよく聞かれる質問に対し、あらかじめ答えを用意しておく

②過去問を確認し、過去に聞かれた質問や形式を把握しておく

③面接で問われそうな医学知識・医療ニュースを調べておく
④答えにくい質問への対処法

【2-1】面接でよく聞かれる質問に対し、あらかじめ答えを用意しておく

医学部の面接試験で聞かれる質問には典型的な質問があります。典型的な質問に対しては、すらすら答えられるように回答を用意しておきましょう。

面接試験でよく聞かれる質問

「医師、医学部を志望する理由」
「本学を志望する理由」
「自分の長所、短所と医師に向いている理由」
「どんな医師になりたいか・理想の医師像について」
「高校生活や部活動について」
「医学部に入ったら何をしたいか」

いずれも医学部面接試験では典型的な質問となっています。あらかじめ文章を考えておきましょう。回答作成時は、難しく考える必要はありません。おさえておくべきポイントに気をつけて文章を構成しましょう。

回答作成時のポイント

・結論から述べること
・結論を説明する根拠として具体的なエピソードが述べられていること
・話に一貫性があること

これらのポイントがおさえられていると、相手に伝わりやすく、納得感のある印象を与えることができます。逆に言えば、これらのポイントを外してしまうと『よくない回答』となってしまいます。

よくない回答

×結論から話さずにだらだらとエピソードを話してしまう

↓何を言いたいのか聞き手に伝わりにくい話し方です。

×話に具体性がなく、一般論になってしまっている

↓話の内容自体は問題なくても、一般論では納得感が生まれません。

×話に一貫性がないこと

↓主張がコロコロ変わったり、文脈に合わない文章が入っているのはＮＧです。

受験生を指導していて特に多いと感じるのは、質問に対して何でもかんでもストーリーで語ってしまう人です。

例えば、「あなたの長所について教えてください」という質問に対し、「私は小さいころからオーケストラに所属していて、中学生では指揮もつとめました。また高校では……」とストーリーや体験を答えてしまう、といった具合です。

意識していないとついエピソードベースで話してしまうのですが、良い印象ではありません。

面接試験で回答する時は、とにかく結論から手短に答えることを心がけると良いです。

「私の長所は責任感があることだと思っています」「継続して努力できることです」など、まず結論からバシッと答えましょう。

そのあとで、「それは、~という経験をしてきたからです」と、結論を述べたあとで理由や体験を話すと説得力が生まれます。

面接回答例：医師・医学部を志望する理由

私が医師を志望する理由は、病気を患った人々に生きることへの希望を与えることのできる職業に就きたいと思ったからです。

（◎結論から述べている）

小学生の時に友人が難病を患ったことをきっかけに、健康な生活を送っていた人が突然病気を発症することにより、今までと全く違う生活を送らざるを得ないという状況に愕然としました。

（◎具体的なエピソードがあり、それについて自分はどう受け止めたかを書いている）

友人と同じような境遇の人々に少しでも生きる希望を与えるため、自らの力で病気の診断、治療を行うことができる医師という職業に就きたいと感じるようになりました。

(◎最初に述べた結論とズレがなく、話に一貫性がある)

面接で答える時のコツ

よく聞かれる質問に対しては、つまらずスラスラ答えられるのがベストです。しかし、文章を丸暗記してしまうと棒読み口調になってしまったり、面接官に話を中断されたた時にうまく対応できなかったりします。

答える時は文章そのものを思い出すのではなく、情景を思い浮かべるようにして話すのがコツです。話の流れは箇条書き程度に頭に入れておき、答える時は場面を想像しつつ柔軟に回答するようにしましょう。

とはいっても、最初からうまく答えるのは難しいと思うので、何度か声に出して練習してみるのがおすすめです。

人前で話すのが苦手であれば、数回模擬面接をしておくのも有効です。模擬面接の相手がプロである必要は全くありません。親や学校の先生、友達に「よく聞かれる質問」を尋ねてもらうだけで十分効果があります。他の人に聞かれたくなければ、鏡に向かって練習してもよいでしょう。

面接で不合格になったNG例

これは実際に医学部の面接官をされていた先生からお話しいただいた内容です。

・沈黙してしまう、泣いてしまう

予想外の質問や、やや圧迫気味の質問をしたとき、パニックになってしまい沈黙してしまったり、泣いてしまった受験生がいます。沈黙や泣いている時間が長いために時間内に評価ができず、不合格になったケースがあります。

真面目に答えようとしている中で、少し沈黙してしまったり、返答が遅れてしまう程度は全く問題ありません。面接官の質問が聞き取れなかった場合でも、落ち着いて丁寧に聞き返せば大丈夫です。

・態度やマナーが悪い

明らかに不適切な服装をしていたり、髪の毛を明るく染めていたり、面接官の質問に真摯に回答しようという姿勢が感じられない受験生は不合格の対象となります。

服装、入室時の挨拶、姿勢、退室の仕方など、最低限のマナーは知っておきましょう。服装は、現役生は制服（ない場合はそれに準ずる格好）、浪人生はスーツを着用すればＯＫです。男女とも清潔感のある服装・髪型を意識しましょう。

・医師として（人として）倫理的にＮＧな発言をした

医学部の志望理由として、明らかに倫理的にＮＧな返答をした受験生は不合格の対象となります。

医師志望動機に、年収が高いことや社会的地位が高いことを挙げるなどは一発不合格となり得るので注意しましょう。

【2-2】過去問を確認し、過去に聞かれた質問や形式を把握しておく

過去に聞かれた質問や面接試験の形式について把握しておきましょう。

早い時期から確認しておく必要はなく、私立医学部であれば一次試験に合格してから、国公立医学部であれば共通テスト後に見ておけば間に合います。


面接試験の形式や面接時間は大学によって様々です。

スタンダードな形式としては、面接官2～5名と受験生1人が話すという形式があります。

その他の形式としては、面接官複数と受験生複数で行われるグループ面接、受験生同士で話し合う集団討論、面接官が1人いる部屋を順番に回っていき1対1で会話するMMI方式などがあります。


ブログ「医学部受験バイブル」では、国公立医学部、私立医学部の各大学ごとの面接過去

問をまとめておりますので、ぜひご活用ください。

【2-3】面接で問われそうな医学知識・医療ニュースを調べておく

医学部の面接試験では、医学知識や医療ニュースについて質問されることがあります。社会問題になった常識的なトピックについては、知識をインプットしておくようにしましょう。

マニアックな医学知識を持っているかではなく、世間でも話題になった医療ニュースについて、しっかり自分なりの意見を持っているかどうかが問われています。

完璧な答えを用意しようと知識を暗記する必要はありません。最低限の知識さえあれば、あとは自分なりの考えを発言できたらＯＫです。

細かい医学知識を取り上げて、「○○を知っていますか？」という質問はめったにされませんし、知らなくて不合格になることはありません。

むしろ、知らなかった時にどう対応するかが大切なので、わからなければ正直にその旨を伝えましょう。

【2-4】答えにくい質問への対処法

無理にいいことを言おうとするより、正直に答える方が印象がよくなることは多いです。

例えば、明らかに緊張していて人と話すのが苦手そうな受験生がいるとします。面接試験で、「コミュニケーションは得意ですか?」と質問されたとき、「はい得意です」とぼそぼそと答えるのはおすすめできません。

全く得意そうに見えないのに、得意だと答えるのはプラスにはなりません。

その場合は正直に、「恥ずかしながらあまり得意ではありません。いまも緊張しています。ですが、これから医学部に入り、医師になるまでに少しでも改善できるよう、努力していきたいと思っています」と答えましょう。その方がはるかに好印象にうつります。

もう一つよくあるのが、知らない事柄について質問されるケースです。その時、知ったかぶって的外れな意見を述べるくらいなら、「申し訳ありません。勉強不足のためそのテーマは存じ上げません」と正直に回答する方がよいでしょう。

[3] 小論文対策

【3-1】医学部小論文試験で重要なのはテクニックではない

医学部の小論文試験対策と聞いて、小論文のテクニックを学ぶ必要があるのでは？と思った方もいると思います。しかし、医学部入試で最も重視されているのはテクニックではありません。

例えば、東京慈恵会医科大学の声明文にはこのように明記されています。

”自分でしっかり物事を考え、その考えを他者に分かりやすく伝えようとする力、さらに、今自分が持っている知識をもとに状況を理解して判断する力を評価します。（略）小論文の受験技法を問うものでも、国語の試験でもありません。東京慈恵会医科大学は、世界でたった一人の「自分」が考えたことを「他者」に伝えようと努力する人を求めています。“

この声明文からは、上手な文章が書けること以上に、「受験生自身の考え」や「自身の考えを他者に伝える力」が重視されていると分かります。

小手先のテクニックが評価される訳ではないため、最低限の書き方のルールを押さえておけば対応できます。

小論文に必要なものは、「客観性」と「論理性」です。小論文は作文とは違い、主観的に思ったことを書いても評価されません。

小論文では、まず設問の意図をきちんと正確に読み取り、次にその設問に対する自分の考えを客観的な立場で、論理的に説明することが求められます。

小論文を書く際には、

・きちんと設問の核をついた答えを主張できているのか
・客観的な根拠に基づいた主張が展開できているのか
・小論文全体を通して一貫した主張ができているのか

といった点に気をつけるようにしましょう。

【3-2】医学部小論文の種類

・テーマ型
最も自由度の高い形式です。まずは、何を伝えたいかを決め、構成を考えてから書き出しましょう。具体例や体験談、自分の意見とは逆の立場の人の意見等を入れると説得力が上がります。

・文章読解型「次の文章を読んであなたの考えを述べよ」
課題文を要約し、そこから自分の意見を質問する形で打ち出すタイプです。課題文が理解できていることをアピールし、それをもとに自分なりの考えを展開しましょう。

・資料分析型
図やグラフ、写真、詩などが資料として与えられ、それをもとに分析、説明、自分の意見などを述べる形式です。図表やグラフを正確に読み取る必要があります。数字を読むときのポイントは、極端な部分に注目し些細な点は無視することです。

書き方の基本的なルール・流れ

①序論

設問に対応する結論を端的に記載します。本論で具体的な内容に入るため、序論はあくまでも簡潔に書くとよいです。

②本論

結論に至った理由や背景を具体的に説明していきます。

具体例や体験談、問題点があればその解決策を述べ、自分の意見が相手に客観的に伝わるように記述していきます。

思いつくままに書いてしまうと論理的でない文章となるので、あらかじめ「どんなことを」「どんな順番で」記載するのかを決めておきましょう。

③結論

これまでに記述した、結論や解決策を再度端的に繰り返しましょう。

基本的なフォーマット

大学によって書き方が指定されている場合があります。その場合は大学の指示に従ってください。

特に明記されていない場合は、
・タイトルを書く（タイトルがない場合はいきなり本文から書き始める）
・タイトルから一行あけて本文を書き始める
・段落の始めは文字を1つ下げる
等が共通ルールです。

話の内容が大きく変わる時は必ず段落分けを行いましょう。頻繁に段落をかえる必要はありませんが、適切に段落分けがなされていると読みやすく、相手に伝わりやすい文章となります。

[3-3] 小論文の書き方のコツ・注意点

文章を書き始める前に、どのような流れで書くか、どのような意見・具体例を組み込むかを考えてメモをつくりましょう。下書きなので箇条書きでも大丈夫です。

思い付きで書き始めてしまうと、途中で矛盾が生じたり、話が飛んで何を伝えたいか分からなくなってしまう恐れがあります。

特に、最初に結論と流れを決めておくことが大切です。小論文全体を通して一貫性のある主張ができるよう、最初に決めた内容から逸れないようにしましょう。

小論文で注意する点

・文章にミスのないようにする

用紙の使い方や、段落の作り方など基本的なことをしっかり守れるようにするのはもちろん、必ず一度は読みなおして誤字・脱字がないかのチェックをしましょう。

・文字数に気をつけて時間配分を行う

指定された文字数があれば、最低でも8割以上は埋めましょう。文字数が不足している場合は減点対象になる可能性があります。

時間内に文章をまとめられるよう、時間配分に気を付けて試験を受けるようにしましょう。

・不適切な表現に注意する

多くの人が納得できるようなことを書くことが大切です。特に道徳的・倫理的に問題ないか、不適切な表現がないかは必ずチェックしましょう。

・一文は短く

よく言われることですが、一文が長いと読みにくい文章となります。

「〜して、〜したところ、〜となり……」というようにダラダラと文を続けるのではなく、適切な箇所で区切りましょう。

【3-4】小論文の過去問演習について

対策としては、書き方のコツに気を付けて過去問を1年分ほど行いましょう。受験する大学が過去問を公表していない場合は、別の大学の過去問でも問題ありません。

自分の書いた文章が分かりやすく論理的に書けているか、学校の先生やご家族の方に添削してもらうのもおすすめです。医学の知識を持った人でなくても全く問題なく、第三者に確認してもらうことにメリットがあります。


「他者に自分の意見を論理的にわかりやすく伝えられるか」

「常識があり、倫理観に問題がないか」

「年齢相応の文章が書けるか（言葉づかいが幼稚でないか）」

といった点をクリアできているかを確認してもらいましょう。

第7章

タイプ別医学部攻略法

これまで、医学部に合格するために身につけること、勉強法や試験の解き方、受験に必要な情報を紹介してきました。

第7章では、医学部受験生を7つのタイプに分類し、医学部に合格するためのポイントを解説していきます。本編の内容の中で、自分にとって特に重要なテーマを整理するためにご活用ください。

Case 1．英語・数学の成績が十分にあり、最難関の医学部を狙っている

高1、高2の時点で英語・数学の成績が取れている人は有利なスタートラインに立っています。しかし、意外にも「現役で合格できずに浪人してしまう」という例は珍しくありません。

「高1、高2時点での成績は良いのに現役で合格できない」というケースには共通点があるため、以下のポイントに気をつけて勉強を進めましょう。

ポイント1．数Ⅲと理科の習得を優先する

このタイプの受験生が避けるべきことは、「数Ⅲと理科2科目の習得が間に合わない」という事態です。数Ⅲと理科2科目はそれぞれ習得に時間がかかるため、前倒しで勉強しておくことを推奨しています。国公立医学部志望の場合は、国語社会の勉強を早めにスタートするのも有効です。

よく見られる失敗例は、「とにかく英語や数ⅠA・ⅡBの実力を極めようとして、難問演習のみを行っている」というパターンです。英数の実力を極める勉強に時間を割いた結果、その他の科目・分野の習得が間に合わないという受験生は本当に多いです。

英語や数ⅠA・ⅡBの習得が一通り完了してある程度成績が取れるようになったら（目安として偏差値70前後）、数Ⅲと理科の習得を進めていくのがよいでしょう。

全科目とも安定して実力がついてきてから、応用問題演習に入るという順番がおすすめです。

ポイント2. 難問こそ本質の理解が最重要

「難易度の高い問題ほど、基礎や本質の理解が重要となる」点に注意しましょう。例えば数学や理科において、問題の難易度が高くなるほど丸暗記では対応できなくなります。本質を理解し、基礎的な解法をしっかりと習得して初めて問題文を読み解くことや、解法を導くことが可能になります。

単に応用問題集の解法を丸暗記したり数だけを繰り返したりしても、このような問題は解けるようにはなりません。応用問題集を使用する際には、必ず基礎の参考書や問題集と照らし合わせて、基礎の理解や定着を深めるような使い方をすることが大切です。

ポイント3. 受験校選びで失敗しない

第5章で解説した通り、医学部受験で受験校選びは合格可能性を大きく左右します。共通テストの点数次第で有利になる大学、不利になる大学は変わってくるため、最終的な受験校選びは共通テスト後に行いましょう。

また、私立医学部も併願する場合、どこの大学に出願するかを事前に考えておくことを推奨します。「この大学に合格できれば進学する」というラインがあれば、出願校は多めに設定しておくとよいでしょう。

併願校に合格するとプレッシャーが和らぎ、結果的に志望校への合格可能性を上げることもできます。

Case 2. 進学校に通っているが、成績が伸び悩んでいる

「進学校に通っていてそれなりに勉強はしているのに、成績が今一つ伸びてこない……」という受験生を見かけます。同級生の成績と自分の成績を比較し、焦りを感じているのではないでしょうか。こういったタイプの人が気をつけたいポイントを紹介します。

ポイント1. とにかく上滑りに気を付ける

最初に書いた通り、進学校は「勉強するのが当たり前」という環境であり、その環境に身を置くことには大きなメリットがあります。その一方で、「上滑りしやすい」というデメリットもついてきます。

同級生や先輩が「勉強ができる人ばかり」であるからこそ、通っている塾のレベルや、使っている問題集のレベルが必然的に高くなってしまうのですね。

この環境ではどうしても上滑りを起こしやすく、基礎が徹底できていない段階で応用問題演習に時間を使ってしまう人が多いです。

繰り返しになりますが、上滑りを起こしているとどんなに勉強しても成績は伸びません。勉強しているのに伸び悩んでいる教科がある場合は、まずは上滑りを疑いましょう。

ポイント2．自分の状況を客観的に分析する

上滑りを防ぐために重要なのは、自分の状況を客観的に分析することです。分析をしないまま勉強をしようとすると、「友達が使っている参考書を真似する」「ネットで見た勉強法をそのまま取り入れる」といった上滑りを起こしやすくなります。

人によって状況は違いますし、スタートラインや得意・不得意も異なります。まずは自分の状況を分析した上で、何をしたらよいかを考えてみましょう。

ポイント3．周りに振り回されず、やるべきことをやる

塾の卒業生に話を聞くと、「学校で医学部志望の子が使っている問題集をみると、自分は基礎ばかりやっていて大丈夫なのか不安に思うこともあった」と振り返った人がいます。その時にどうしていたのかを聞くと、「一時的には不安を感じたが、基礎ができていない段階で応用問題集に取り組むのはどう考えてもおかしいと分かったため、それ以降は自分の問題集に集中した」と回答してくれました。

進学校では、周りの声や情報が耳に入りやすく、それに振り回されることも多いかもしれません。色々な意見を聞くとは思いますが、客観的な分析をもとにやるべきことを淡々とこなしてください。

先ほど例に挙げた卒業生は全教科とも基礎問題集のみの習得で受験に臨みましたが、最終的に私立御三家の医学部に合格しています。

Case 3．医学部に現役合格する人が少ない高校に通っている

通っている高校が「医学部に現役合格する人は少なく、浪人する人が多い」もしくは「医学部合格者がほとんどいない」という場合、「医学部に合格するためには何をすればよいのか」という点で困っている人が多い印象です。

医学部に合格するために必要なことはすべて本書で解説しましたが、特に気をつけるべき点をピックアップしていきます。

ポイント1．最優先に身につけるのは習慣

第1章で出てきた通り、困難な目標を達成するのは「習慣」です。進学校の最大の強みは「勉強するのが当たり前という習慣」ですが、「習慣」は自分次第でどうにでもできることです。

有効な習慣づくりの例としては、このようなものがあります。

・周りは勉強していなくても、自分は平日は◯時間、休日は△時間以上勉強すると決める。決めたら実行する。

・学校の小テストは毎回満点を目指してコツコツ勉強する。

・長期休みは計画を立て、学校の宿題以外の勉強も行う。

医学部に現役合格した卒業生をみていると、「習慣づくり」の点で圧倒的に優れている傾向があります。特別な何かをする必要はありません。まずは「習慣づくり」を最優先に行いましょう。

ポイント2．特効薬はないことを意識する

序章でも紹介しましたが、「医学部に合格するための特効薬」はありません。数日間受講するだけで成績が伸びる講座や教材があるのであれば、医学部を目指して何浪もする人がたくさんいるはずないですよね。

医学部に合格するためには「当たり前のことを徹底する」しかありません。

成績に伸び悩んだ時ほどお手軽なノウハウが魅力に見えると思いますが、そんな時こそしっかりと状況を分析してみましょう。状況を客観的に分析することで、本当にやるべきことが明らかになるはずです。

なかなか勉強の成果が出ず苦しい期間が続いたとしても、本質を押さえた勉強を継続することで「気付いたら成績が伸びていた」と振り返る人は多いです。

ポイント3．間違った情報に惑わされない

インターネットや書籍などで、簡単に情報にアクセスできるようになりました。

情報の中には、一般性がなく真似できない方法だったり、古い内容・間違った内容のものも数多く存在しています。情報はしっかりと取捨選択した上で取り入れるようにしましょう。

正しい情報を知っておくことはもちろん大切ですが、最も合否に関わるのは「正しい情報

に基づいて、どれだけ実行するか」という点につきます。情報は知っているのに実行が伴わない「情報マニア」とならないよう気をつけましょう。

Case 4. 英語は得意だけど数学ができない

ポイント1. まずは数学の「最低ライン」を固める

まずは、最低ラインの数学の実力をつけることを目標にしましょう。数学が苦手な受験生が起こしやすい失敗例として、「英語や理科の成績は合格ラインに達しているのに、数学が大きく足を引っ張り不合格となる」というものがあります。

本編で解説した通り、1科目でも大きく失点してしまうと医学部合格は困難です。全範囲の基礎をしっかりと固め、医学部に合格できる最低ラインの実力をつけましょう。

ポイント2. 数学を「得意にする」必要はない

最低ラインの数学の実力をつけることは必須ですが、それができたら「数学の得点は割り切る」というのも戦略の一つです。数学が苦手な人が数学を得意にするためにかかる労力を考えると、理科や英語を勉強した方が時間対効果が高くなる場合があります。

実際、数学が苦手な受験生を見ていると、「数学は最低ラインを固め、理科と英語でしっかりと得点する」という点数の取り方で合格していく人も多いです。卒業生の中には、数学の偏差値50台で国公立医学部に合格した例もありました。

数学を「得意にする」必要はなく、総合点で合格点を超えることを目標にしましょう。

Case 5. 数学は得意だが暗記科目が苦手

ポイント1. 暗記時間の確保から逃げない

医学部受験生の中には、数学や物理はできるのに「暗記科目が苦手」という人も少なくないと思います。暗記が苦手というと「記憶力の問題」のせいにしてしまうことが多いのですが、よくよく話を聞いてみると単に「暗記時間の確保」が不足しているケースがほとんどです。

暗記が苦手であれば、まずは「暗記をするための時間」を増やすようにしましょう。毎日1時間英単語を暗記する、理科の暗記をする時間を問題演習とは別に用意する、といった調子です。

ポイント2．短期間で一気に暗記し、復習を繰り返す

膨大な暗記事項を覚える一番のコツは、「短期集中で一気に暗記し、復習を繰り返す」ことです。

丁寧にやろうとしてゆっくり進めると、次に復習する頃には最初の方に勉強した内容は忘れてしまいます。前回の内容を忘れた状態で復習しても学習効果は低いため、短期間で繰り返して暗記を行いましょう。

暗記をする時は一気に暗記をすることが重要ですが、時間が経つにつれて知識は忘れていくものです。

期間が空くと忘れてしまうことは当然なので、繰り返しアウトプットして覚えましょう。「覚える→忘れる→思い出す」という流れを繰り返すことで知識は定着していきます。

Case 6. 塾に通っているのに成績が伸びてこない

ポイント1. 能動的な学習が大切

成績を伸ばすためには「能動的な学習」が大切です。授業を受けて先生の解説を聞いて「何となく分かったつもり」で終わってしまうと、成績は伸びてきません。

勉強する時は、自力で問題が解けるようになることを目標にしましょう。

自分1人で解いてみると、「分かったつもりだけど、理解が甘かった」「覚えたつもりだけど、定着していなかった」というところがわかるはずです。

「自分の頭で考えて、自分の力で問題を解く」という能動的な学習を行うことで、成績の伸びに繋がっていきます。

ポイント2. 自分に合ったレベルの教材・授業を選ぶ

繰り返しになりますが、上滑りをするのは絶対にNGです。

よくある上滑りの例は、「医学部受験コースを選んだ結果、医学部の過去問演習が中心となり上滑りを起こした」「総合成績がよくてレベルが上のクラスに入れたが、苦手科目で上滑りをしてしまった」というものです。

医学部合格に必要なのは、全教科の基礎を徹底的に固めることです。上滑りをしている時間は本当にもったいないので、上滑りをしていると感じたら環境を変えてみることも有効です。

Case 7. 部活や学校行事に力を入れつつ、医学部に合格したい

ポイント1. 低学年からの習慣づくり

部活動や学校行事に力を入れつつ医学部に現役合格した例をみると、低学年からの習慣づくりが優れている人が多いです。

部活動や学校行事に力を入れている分、低学年から長時間勉強することは難しいかもしれません。忙しい時期はたくさん勉強時間を確保できなくてもよいので、「通学時間は英単語の暗記に充てる」「疲れていても30分は勉強してから寝る」等、小さな習慣を積み重ねていきましょう。

ポイント2．優先順位を考えて勉強を進める

限られた時間の中で、学校の宿題やテスト勉強、塾の勉強すべてを完璧にこなすことが難しい時もあると思います。完璧主義な性格であるほど、全部やろうとしてパンクしそうになる受験生もいるのではないでしょうか。

そもそも、課されるものすべて完璧にこなすこと自体が不可能なこともあります。そんな時はあらかじめ優先順位を考えておき、より優先度の高いものに時間を多く割くようにしましょう。優先順位の高いものから勉強を進めることで、時間が足りない状況でも要領よくこなすことができます。

医学部受験生の保護者様へ

医学部受験生を支えておられる保護者様へのメッセージは、次の一文に尽きます。

「勉強や成績面では強く干渉せず、学費面、生活面、精神面など勉強に集中できる環境を整えるサポートを行ってあげてください」

受験生のお子様を応援したいという想いから、よかれと思ってお子様に厳しくあたったり、勉強面に干渉したくなったりするのは、ごく自然なことだと思います。

しかし、結果的にはそれが逆効果になることもあります。

いまの医学部受験、特に関東の私立医学部の難易度は昔に比べて数倍難しくなっています。

いまの私立医学部で、「滑り止め」という感覚で受験できるような医学部はほとんど存在しません。十分実力があっても、本番にミスをしてしまうとそれだけで合格が遠のくような厳しい戦いです。

そんな中、受験生は全力で勉強しています。例えば、当塾では浪人生の平均勉強時間は1日13時間以上、1日15時間以上に達する生徒も10％以上います。これを1年間休みなく継続します。

心に留めておいていただきたいことは、これだけの努力をしている分、失敗したときの反動も大きくなるということです。

自分自身の受験経験でもそうでしたが、これだけ努力しているのに結果が思うように出ないときの感情は、苦痛以外の何ものでもありません。

「自分が情けない」

「親に見せる顔がない」

「なんて自分はバカなんだ」

「自分のことが信じられない」

「自分には可能性なんてないんじゃないかと思ってしまう」

医学部に合格した生徒に、失敗したときの感情を後から尋ねると、このような内容が返ってきます。

これだけ努力したお子様は、模擬試験でも受験本番でも、真っ先に親御様に良い知らせを届けたいと思っています。そんな状況で結果が出なかったとき、一番傷つき苦しんでいるのは受験生自身です。

実際に、試験後に親御様に厳しい言葉をかけられたことで心が折れてしまい、勉強を継続できなくなってしまったというケースをこれまで複数見てきています。

受験生に対して、結果が思わしくなかったときハッパをかけるために厳しくあたるというお気持ちもわかります。しかし、厳しくあたってプラスになるとすれば、それは努力をしていない場合です。

自分なりに懸命に努力をしているお子様が失敗してしまったとき、厳しくあたることは、マイナスに働いてしまいます。

保護者様は勉強面、成績面に関しては強く干渉せずに見守っていただき、受験校選びや金銭面、精神面、生活面、体調面でのサポートをしていただくことが受験生にとって最もありがたく、効果的な関わり方と考えています。

第8章

医学部受験生へのメッセージ

[1] 医学生からのメッセージ

こんにちは! ここまでお読みいただき、ありがとうございました。

改めまして、この本を執筆した医学生の綿谷ももと言います。わたしは都内の医学部に通う、ごく普通の大学生です。

「どうして大学生が本の執筆を?」と疑問に思われた方もいらっしゃると思うので、簡単に経緯を説明します。

わたしは、医学部予備校ACE Academy(エースアカデミー)で1年間浪人して医学部に合格し、大学入学後はこちらの塾で講師として働いています。

エースアカデミーでは、講師として医学部受験生の指導をするとともに、ブログ「医学部受験バイブル」の運営も行っています。

「医学部受験バイブル」は、塾の代表である高梨さんが立ち上げたブログです。働き出してから1年ほど経った頃、わたしは高梨さんより「医学部受験バイブルの管理を任せる！」というお仕事をいただきました。

ブログの運営を担当するようになってからは、元々あった数百件の記事をひとつひとつ見直して書き換えたり、新しい記事を書いたりして、3年以上かけて現在の形に落ち着きました。

そして、ブログ「医学部受験バイブル」の内容を、もっと多くの人により読みやすい形でお届けしたいと思い、書籍化・出版することになりました。

この本では、ブログ「医学部受験バイブル」の情報のうち、特に重要なところをぎゅっと濃縮しています。さらに、わたし自身が受験生時代に学んだこと、講師として医学部受験生を指導していく中でみえてきたことも含め、医学部合格に必要なエッセンスをまとめたつもりです。

本書が医学部を目指す受験生の医学部合格に少しでも近づくきっかけとなったなら、こんなに嬉しいことはありません。

さて、ここからは、わたしから受験生へメッセージを送ります。

本編では、訳知り顔で色々書いていましたが、高校生までのわたしは決して褒められた受験生ではありませんでした。医学部を目指すにあたり、たくさんの時間とお金を無駄にしてしまった自覚もあります。

これからの受験生には、先輩の失敗談を踏み越えて、医学部合格へまっすぐ進んでもらいたいです。

わたしはもともと「自分のことを語る」というのはあまり得意ではないのですが、1人でも勇気づけられる受験生がいるなら、と思って書いてみます。

医学部を目指す中で不安になった時、迷いが生じた時、誰かから励ましてもらいたいと思った時にご活用ください。

「何もできない子どもに、人生の選択肢が増えた瞬間」

最初に、なぜ医学部を目指すようになったか、というところからお話しできればと思います。

わたしは、医師家系ではなく、親族に医師はひとりもいないという家庭で育ちました。父は普通のサラリーマンです。

小さい頃から医師を目指していた訳ではなく、勉強が得意な訳でもありませんでした。むしろ勉強は大嫌いで、宿題をたくさん出された夏休みなんかは「勉強なんて少しも楽しくないのに、なんで小学生は勉強しなきゃいけないの」「大人は宿題がなくてうらやましい」と駄々をこねるような子どもでした（笑）。

時間があるなら寝ていたいし、テレビを見たいし、ゲームもしたいし、マンガを読んでいたい、という調子で、「遊ぶのは宿題が終わってからにしなさい」とよく怒られていたことを覚えています。

地頭が良い訳でもなく、小学校の頃の成績はほとんどが真ん中の評価でした。勉強も嫌いな上に、運動や音楽、図工も苦手で、得意なことが何もありませんでした。

1つ頑張ったことを挙げるとするなら、3歳の頃から習っていたクラシックバレエです。「やるからにはちゃんとやりなさい」という母の考えから、指導が厳しいことで有名なバレエスクールに通っていました。練習は週4－5回ほどありましたが、踊るのは楽しかったので辛いと思ったことはありません。

ただ、好きで続けてはいたものの、実力はまるでなく、コンクールに出場することすら叶いませんでした。通っていた教室では、実力が上位の人しかコンクールへ推薦されなかったためです。

この頃は、わたし自身の中で「頑張ったらいいことがある」というイメージが湧いていなかったと思います。

当時は「将来の夢はバレリーナ」と言ってはいましたが、自分に才能がないことは分かっていましたし、何を頑張ればいいのかすら分かりませんでした。

「努力すれば夢は叶うらしい」と知ってはいたものの、それができるのは特別な人だけで、自分にはできないことだと考えていました。

このような小学生時代を終え、中学校に進学しました。小中高一貫の私立に通っていたので、エスカレーター式に中学生になりました。

わたしの人生の最初の転換点は、中学校ではじめて受けた中間テストです。1回目の定期試験は範囲も狭く、先生から「ここを覚えてね」と言われた箇所をそのまま暗記すれば高得点を狙えるテストでした。

バレエとは違って、「何を頑張ればいいか」がはっきりとしていたので、まるでゲームを攻略するような感覚で勉強を進めていきました。

この時は、テストの範囲がとても狭かったため、「全部覚える」という力技が通用してしまったようです。試験結果が出て、順位を見ると、クラスで1番を取れていました。

今まで何の取り柄もなかったわたしはとてもびっくりしました。当時はただ喜んでいただけでしたが、自分の中で「勉強を頑張れば、結果はついてくるかもしれない」という発見がありました。

そして、これは、人生の選択肢が増えた瞬間でもありました。

「医師を目指しはじめる」

試験結果を受けて、わたし自身はぼんやりとしていたのですが、母はそうではなかったようです。はじめて娘が勉強で結果を出したのを見て、10年以上続けても一向に芽が出ないバレエと比較したはずです。将来のことについて色々と考え、調べてくれました。

ちょうどその時期、リーマンショック不況を受けた就活難のニュースが世間を賑わせていました。東大や早慶を卒業してもなかなか就職が決まらない様子から、「いい大学に行っても、その先が保証されている訳ではない」という認識が広まりつつありました。

そこで候補に挙がったのが、医師や薬剤師、弁護士など資格が必要な職業です。景気に左右されず、職が安定しているというメリットから、人気が高まっていた時期だと思います。

このような選択肢を提案された時、自分の中で最も魅力的に感じたのが医師という職業でした。医師になるというのは遠い世界のことだと思っていたので初めは戸惑いましたが、考えれば考えるほど、目指す価値のある職業なのではないかと思えてきました。

なぜなら、医師は誰かに必要とされた時、直接その人と関わり、役に立つことができる職業だからやりがいがありそうだと考えたためです。中学生の時の志望動機なので、随分あっさりしていますね（笑）。

その背景には、小さい頃からの読書習慣があると思います。わたしは幼い頃から本を読むのが大好きで、毎日1冊本を借りてその日のうちに読み切り、次の日に返してまた新しい本を借りる……という小学生時代を過ごしてきました。

特に小説をよく読んでおり、色んな登場人物の人生をみる中で、単にお金持ちになるだけではたぶん幸せになれないのだろうなと感じていました。お金は大事だけれども、それが最終ゴールではダメで、何か人のためにできる仕事をしたいと漠然と考えていたようです。

好んで繰り返し読んだ本の中には、病院が舞台の小説も何冊かありました。患者さんのために日々奮闘する医師の姿をみて、純粋に憧れていたことも大きいと思います。

「医師になる」という選択肢は、自分の中でどんどん確信に近づいていきました。はじめて具体的な目標ができて、「頑張ってみよう」という意欲が生まれました。

こうした流れでわたしは医学部を目指すことが決まりました。中学校1年生の秋ごろだったと覚えています。

「井の中の蛙、大海を知る」

医学部を目指すということで、10年間続けたバレエをやめて塾に通い始めました。人生初の塾通いです。

通っていた学校が進学校ではなかったため、指定校制度がある塾や入塾テストがある塾に通うことはできませんでした。そこで、医学部や東大志望者が多いと言われていた某大手予備校の中学生コースに通うことになりました。

塾に行ってみると、今まで知っていた世界と大きく違っていて驚きました。名門の中高一貫校に通っている友達の話を聞くと、今までの勉強量も、テキストの理解度も自分とはかけ離れていました。

授業を受けると、テキストには今までみたこともないような難しい問題が並んでいて、「医学部に合格するためには、こんなに難しい問題を解けないといけないんだな」と衝撃を受けたことを覚えています。

ここから週に数回、塾に通う生活が始まりました。しかし、これを機に成績が伸びた訳ではありませんでした。考えてみると当たり前で、塾に入ってから大きく習慣が変わった訳ではなく、ただ何となく塾に通っているだけだったからです。

テキストの内容は難しかったのですが、授業を聞くと先生が楽しくわかりやすく解説してくれるため、なんとなく理解したつもりになって満足していました。

優秀な友達がたくさんできたことで、自分も賢くなったと勘違いしていました。実力はないのに、意識だけが高くなっている状態だったと思います。

「中高一貫校を抜けて高校受験へ」

そんな時、ひょんなことからもう一度転機が訪れます。

ある日、中学の同級生で仲良しだった友達が、中高一貫校から高校受験をすると教えてくれました。

高校受験という選択肢自体考えたこともなかったのですが、親は真剣に受けとめたようです。わたしが通っていた学校から医学部に行く人はほとんどいなかったため、高校受験をして医学部に強い高校に通った方が受験に有利になるのではないか、という考えからでした。

「中高一貫校を抜けて高校受験をする」というのは中学生にとって大きな判断ではありましたが、迷っている時間はありませんでした。ちょうど中学2年生が終わる3月だったので、受験をするなら決断をなるべく早くする必要があったのです。

色々考えた結果、高校受験をすることに決め、人生初の受験をすることになりました。中学3年生の4月、志望校はE判定からの遅すぎるスタートでした。

残された時間がなかったので、すぐに高校受験用のコースに切り替え、とにかく必死に勉強しました。塾で使っていたテキストと、推奨問題集を各科目1冊ずつ選び、それらを固めていきました。

圧倒的にスタートが遅れているという焦りから、休みの日は塾の自習室に誰よりも早くついて、授業の終わりも閉館ギリギリまで自習して帰るという生活です。常に試験直前のような危機感を持って勉強した結果、運良く第一志望の高校に合格することができました。

今思うと、色んな勉強に手を出さずに1つの問題集を極めたこと、上滑りを起こさずにオーソドックスな問題を習得したこと、よそ見をせず勉強だけに集中したこと等、勉強の方向性が正しかったから結果がついてきたのだと思います。受験まで時間が足りなかったことが逆に功を奏したのかもしれません。

「懲りずに同じ失敗を繰り返した高校3年間」

晴れて高校に入学し、新生活がスタートしました。入学した高校は、進学校として有名な高校ではありましたが、部活や行事に全力を注ぐ校風で学校全体の雰囲気が明るく、良い友人達にも恵まれました。

毎日学校に行くのが楽しくて楽しくて、忙しいながらも充実した日々を過ごしました。

しかし、勉強面に関してはまたも方向性を間違ってしまいます。

第一志望の高校に合格して調子に乗っていたわたしは、大手予備校の医学部専門コースに入塾しました。しかも、受験を終えたてほやほやで入塾テストに申し込んだので、最難関のクラスに飛び込んでしまいました。当時は、「自分に実力があるんだ」と勘違いして、喜んでいたことを覚えています。

有名な医学部専門校舎の最難関クラスということで、集まっていた高校生のレベルも非常に高く、超トップ校の制服を着た学生もたくさんいました。扱うテキストも、東大や京大、難関医学部の過去問がベースとなっているハイレベルな内容でした。

予習の段階では手も足も出ず、授業を聞いて理解するのが精一杯でした。復習を行おうとするも授業で解説されていない類題は自力で解けず、ただ考えるだけの時間が過ぎていきました。

客観的に見ると完全に「上滑り」を起こしている状態です。自分でもレベルについていけていないことを薄々感じていたのですが、その時はあまり問題意識を持てていませんでした。

時間が経つにつれて、内容も難しく、先取りした内容になっていき、授業を聞いても理解しきれないことが増えてくるようになりました。

それでも、医学部志望の友達がたくさん通っていたことや、隣に超トップ校の高校生がいる安心感を得たいために、ずるずると3年間通い続けてしまいました。

まさに、第1章に出てきた、

「ご両親にお金を出してもらって塾や予備校に通っているにもかかわらず、だらだらとした生活を送り、塾でも勉強に集中するのではなく何となく友達にあわせて通っているだけ……」

という受験生そのものです。塾代を何年も出し続けてくれた両親には本当に申し訳ないことをしてしまったと今でも後悔しています。


学年が上がるにつれて成績がだんだんと下がってきて、焦りを感じるようになってきました。

そこで、わたしは成績不振を打破するために、優秀な同級生や先輩に勉強方法を相談するようになりました。本編を読んだ方なら、この危険性にお気づきですよね。

高校生の時のわたしは、優秀な人が使っている参考書をそのまま真似すれば、同じように成績が伸びると本気で信じていたのです。

成績が伸びなくて困ったら人に聞き、それをすぐに取り入れました。少しかじってみて成績が伸びなければ、別の参考書や問題集を探し、違うものに乗り換えていました。

こんな調子では結果が出るはずがありません。それなりに勉強は頑張っていたつもりでしたが、苦手な数学や化学は受験が近づいてもボロボロのままでした。

現役時の受験は、センター試験で数学54点を取ってしまうという散々な結果に終わりました。もちろん、国公立・私立医学部ともに全落ちです。

「当たり前のことを徹底し続けた浪人生活」

浪人が決まり予備校選びに迷っていたところ、「エースアカデミー」の存在を知りました。医学部専門予備校は学費が高額なイメージがあったのですが、エースアカデミーは群を抜いて学費が安く、医専の中で唯一候補に挙がった予備校でした。

浪人中に学んだことは、この本に書いた通りです。初めて「できる人-できない人リスト」を見た時、自分があまりにも「できない人」に当てはまっていて背筋が凍りそうになったことを覚えています（笑）。

枝葉のテクニックばかり求め、自分で考えず人に丸投げし、習慣を変えず、結果への願望は強いのにプロセスへの覚悟はない……というダメダメな受験生でした。

浪人生活が始まると、まずは習慣をつけなければと思い、とにかく勉強だけに集中する環境を作りました。

自分は気が散りやすいタイプだったため、スマホを解約してガラケーに変えたり、勉強する部屋には参考書・問題集、筆記用具と時計以外は全てなくして勉強に集中できる環境を作ったりしました。

特に辛かったのは、毎朝6時半に起きて勉強する習慣です。

もともと、「朝寝坊してベッドの中でゴロゴロしていることが何よりの楽しみ」というぐうたらな性格の持ち主です。朝起きて布団から出る時に「もう少し寝ていたい……！」と恨み言を言う日が何度あったか分かりません。

浪人生活がスタートしてから地道な工夫を愚直に積み重ね、何とか1日13時間以上勉強する習慣を作り上げていきました。


勉強面では、高校3年間大手予備校の医学部コースに通って培われたプライドがぽきぽき折られていく感覚がありました。

先生に指定された基礎問題集を見て、「こんなに簡単な問題集ならできる」と思い込んでいたところ、いざ解いてみるとなると抜けの多いこと多いこと……。

高校生の時も勉強しているつもりではありましたが、根本的な戦略から大きく間違えていて、基礎が全く身についていなかったのだと気がつきました。


1年間の浪人を通して、わたしは「当たり前のこと」をひたすら徹底し続けました。

そして迎えた本番、センター試験の得点率は90%を超え、結果的に首都圏の国公立医学部や最難関の私立医学部に合格することができました。

現役時センター数学54点というスタートから、実力は飛躍的に伸びていたのだと思います。

もちろん、受験期間中は楽なことばかりではありませんでした。

自分の頭の悪さに悲しくなったこともありました。

模試で勉強の成果が出せず悔しくてたまらないこともありました。

勉強がスケジュール通りに進まず、焦りで涙を流したこともありました。

勉強のことばかり考えていたら、高校時代から付き合っていた彼氏に振られていました。

それでも、毎日毎日頑張ることで、ほんの少しずつですが成果がでるようになってきたと感じています。

できるようになるまでのスピードはゆっくりなので、目に見えた成果は出にくいかもしれません。

昨日解けなかった1問が解けるようになる、なかなか覚えられなかったことが定着する、何度読んでもピンとこなかった解説が理解できるようになる……。

このような地道な一歩一歩を積み重ねて、ようやく形になっていきます。

一歩一歩進んでいる時は、自分がちゃんと前進しているのかわからず不安になることもあるかもしれません。でも、心配しなくて大丈夫です。

正しい方向で努力をしていれば、ふと気がつくといつのまにか前に進んでいることに気づくはずです。

不安になった時、辛い時、苦しい時、勉強に飽きた時……。

今より少し先の未来を想像してみてください。きっと、今よりも確実に、医学部合格に近いところにいることでしょう。

「医学部に入ってから」

わたしは医学部に入ってから、浪人中に学んだことをそのまま実践しています。

医学部に入ってからの勉強は、試験範囲も広く正直楽なものではありませんが、試験対策にあたって本質的に重要なことはこの本に書いた通りです。

まず勉強習慣を作ること、分析を繰り返すこと、常に優先順位を考えること……これらは全て、医学部に入ってからも役立つはずです。

わたし自身もこれらを実践することで、大学の試験や実習で困ることもなく、充実した大学生活を送ることができています。

本書の内容を実践することで医学部受験という大きな大きな目標を突破し、そして、身につけたことを医学部合格後も活用していただけたら嬉しいです。

もう一つ、「何かの目標に向かって全力で頑張る」という経験から得られたものもあります。

それは、「困難に思えることでも、自分は目標に向かって頑張ることができるんだ」という自信です。結果が伴うかどうかは分からないけれど、とりあえずチャレンジしてみようという心意気ですね。

この本の出版にあたり、執筆は1人で担当することになりました。ずっとブログ「医学部受験バイブル」を運営していたとは言え、人生で初めての本の出版です。「ちゃんと1冊を完成させられるのか」「読んでくれた方の助けになるような本にできるか」「書店に並ぶレベルに書けるのか」など、様々な不安がありました。

大きな不安を乗り越えてチャレンジしてみようと思えたのは、受験時代に夢に向かって全力を尽くした経験があったからだと思います。

何もできない、夢も希望もなかった子どもにこんな変化をもたらしてくれたのは、ずっと嫌いでたまらなかったはずの勉強でした。

いま勉強に全力で打ち込んでいる経験は、あなたの人生の選択肢を拡げ、そして、その後の人生においても自分の背中を押す原動力となるはずです。

受験までの期間は、気が遠くなるほど長いようで、あっという間に過ぎ去ります。どうかやれる限りを尽くして頑張ってみてください。

「努力は必ず報われる」

最後はこんなカッコいい言葉で締めたかったのですが、こう言うとわたしは嘘をつくことになってしまいます。

とても難しいチャレンジであるからこそ、夢を叶えるためにたくさんの人たちが努力しているからこそ、１００％絶対に結果が保証されているなんてことはありえません。

でも、だからこそ、挑戦することに意義があるし、大きな壁にぶつかりながら乗り越えていくことで、ひと回りもふた回りも成長していけるのだと思います。

だから、わたしから受験生に伝えたい言葉はこれに尽きます。

ずっと頑張ってきた

あなたの努力が報われますように。

[2] エースアカデミー塾長からのメッセージ

【2-1】なぜ医師をやめて塾を設立したのか

はじめまして。医学部予備校ＡＣＥ Ａｃａｄｅｍｙ塾長の高梨です。

私は大阪医科大学を卒業して医師免許を取得し、初期研修を修了後に今の医学部受験専門の予備校を設立しました。

予備校を設立したきっかけは、自分が高校3年生で医学部受験真っ最中のときに、「こんな塾があるといいなあ」と考えていたことが土台となっています。

実は、いまの当塾の指導システムのほとんどは、私が高校3年生のときに欲しいと思っていた理想のシステムを実現したものです。

自分の受験生時代を振り返ると、勉強方法や戦略など多くの面において失敗だったと思うことが多々あるため、同じ医学部受験を志す後輩のために、もっと効率の良い方法を伝えていきたいと思ったことが予備校をはじめた理由の一つです。

私は、中学受験では関西の最難関校である灘中学校に合格していたこともあり、中学のときから成績は優秀な方でした（灘中学校は家から片道2時間かかることもあり、辞退して地元京都の中学に進学しました）。

高校1年生や2年生のときには、英数国の3教科の模擬試験で全国10番以内に入ることもありました。

ですが、大学受験が終わり蓋を開けてみると、結局国公立医学部には不合格となり、親の薦めで受験していた大阪医科大学になんとか合格でき、現役で医学部に進学することができました。

いま思えば、戦略や勉強の進め方、受験校の選び方など様々な点で、「いや、それはマズいからこうした方がいい」と指導できるところがいくつもあります。

私が高校時代に勉強をする中で特に困っていたことは、次の3点でした。

①講義を受けるよりも自学自習の方が効率が良いはずなのに、ほとんどの塾は講義が中心で無駄な時間が生まれてしまう
②医学部に合格するための学習プラン、勉強スケジュールがわからない
③受験校選びをはじめ、医学部受験の情報が手に入らない

まとめてしまうと、「医学部受験に向けて、自学自習を最適化してくれる塾があれば、最も効率よく医学部に合格できるはず」ということになります。

また、医学部を目指すからには、実際に医学部に合格した人に教わりたいとも思っていました。

医学部受験の難しさは「科目、分野が多い中でバランスよく、抜けなく習得すること」です。そのためには、教科のバランスを取って優先順位をつけて勉強することが必須です。

「数学を極めるための勉強」と「医学部に合格するための勉強」は別物であることを考えると、やはり実際に医学部に合格した人に教わるのが正解だと思っています。

高校生時代の私と同じような悩みを抱えていらっしゃる方のサポートができればと、エースアカデミーを設立いたしました。

「なぜ医師をやめて教育に専念したのか」

よく聞かれる質問が、「なぜ医師をやめて教育に専念したのか」ということです。

いくつか理由はあるのですが、根本的な理由は「教育をやっていきたいという強いモチベーションがあったから」です。先程お話しさせていただいたように、高校生のときから「こんな塾があるといいなあ」と考えていたので、それを実現したかったのだと思います。

いずれ教育に携わりたいという気持ちは、高校生から医学生、研修医になってもずっと変わらず持ち続けていました。

悩んだのは、「医師と教育を並行するのか、教育に専念するのか」と、「いつ教育に携わるのか」の2点です。

これについては最後の最後まで悩みました。結果的には受験生に関わるからには教育に集中したいという考えから、初期研修を修了した時点で教育に専念するという形になりました。

【2-2】「教育から医療をよくしていく」という理念

高校生時代にいまの塾のシステムのほとんどを考えていたのですが、医学生になり医学や医療を学んでいくうちに、「教育」と「医療」の両方に貢献したいという気持ちを抱くようになりました。

医療への関わり方として、臨床医になること、研究医になることなど様々な選択肢があります。その中で、教育から医療に貢献したいと思うようになりました。

「教育から医療をよくしていく」という理念を設定し、現在に至ります。

整理します。

「エースアカデミーで実現していきたいこと」

「教育から医療をよくしていく」という理念の上で、将来的に実現していきたいことを

当塾では、生徒自身が自律し、自分で考えて勉強することを大切にしています。もちろん、医学部受験に合格するためのサポートは全力で行いますが、生徒自身も能動的に考えて勉強し、サポートを活用しながら自力で力をつけていきます。

医学部に合格した生徒と話をすると、「医学部での勉強は大変かもしれないが、エースアカデミーで学んだことを活かして頑張りたい」と言ってくれる卒業生がたくさんいます。自律し、自分で考えて勉強することで医学部合格を勝ち取ったからこそ、今後も自分の力でやっていけるという自信がついているのでしょう。

私は、変化の激しい今の時代を生きる上で、自律して自分で考える力をつけていくことは

非常に重要なことだと考えています。

様々な分野・業界で大きな改革が起こっているのと同様に、医療のあり方や医師の働き方もきっと変化が求められていくはずです。

近年、技術やＡＩの発達などにより、医師は不要になるのではないかという持論を展開されている方もいらっしゃいます。しかし個人的な予想ですが医師が不要になることはまず起こりえないと思います。

医師の働き方自体が大きく変わる可能性はありますが、人々の健康の専門家である「医師」という職業がなくなることは考えづらいからです。

むしろ技術が発達するからこそ、医師一人ができる裁量が大きく拡大し、より一層やりがいのある働き方や多様な働き方が可能になると予想しています。

おそらく、この時代に大切になってくるのは、「自分の頭で考えること」です。

自分で考えることではじめて、「自分にはどんな選択肢があるのか」「自分はどの選択肢を選んだらいいのか」を見つけることができます。

もし、医学生が自己分析によって自分の才能や強みに気づき、それを最大限発揮できるような環境に身をおき、周囲のサポートを適切に得ながら自分の力で道を切り開くことができれば……。

きっと医療も良い方向に向かっていくだろうなと思っています。

「教育から医療をよくしていく」という理念のもと、当塾の卒業生たちが医学生になってからもサポートができるような活動を続けていきたいと思っています。

【2-3】医学部を目指すあなたへ

「医師を辞めて、教育に専念する」

私がこう言った時、周りの人からは猛反対されました。両親、同期の医師、研修先の病院の先生方をはじめ、あらゆる人から止められたことを覚えています。そして、事業を始めると、叩かれることも多々ありました。

「お金儲けのことしか考えていないに違いない」
「医者としての責務を果たさないなんて、無責任な奴だ」
「医者がビジネスをしても、うまくいくはずがない」

医師の大先輩の方から、「医師を辞めてまで教育なんてやって、一体なにになるんだ！」と1時間ほどボコボコに批判されたこともありました。

会社経営の経験ゼロからのスタートでしたし、起業がうまくいく保証なんてどこにもありませんでした。実際、医師を辞めて事業を開始すると、失敗だらけでしたし、今も思うようにいかないことだらけです。

「医師を辞めた」という選択が、正解なのかはわかりません。

しかし、自分が進む道を決めた以上、その選択を自分自身が正解にする覚悟を決めるしかないと思っています。

「正解にするために、もがき続けることができる」かは、周りの人ではなく自分自身が決めることだからです。


医学部を目指す受験生へ。


「医学部を志望して正解なのか?」と悩むことはありませんか。

「そんな成績で医学部を目指すなんて無理だ」

「医師は生半可な覚悟でなれるものではない」

「医学生や医師になったとしても、その先うまくやっていけるはずがない」

と周りの人から反対されたり、ときには馬鹿にされることもあるかもしれません。

そんな声を聞いているうちに、「やっぱり諦めた方がいいのかも……」と後ろ向きになってしまうこともあるかもしれません。

あなたが「医学部を志望した」という選択が、正解かどうかなんて誰にもわかりません。しかし、周りがどう言おうとも、その選択を「正解にすることができる」のはあなた自身だけです。

医学部受験は簡単なことではありません。

やりたくない嫌いな教科も勉強しなければいけません。どれだけ勉強しても全く成績が伸びないときもあります。

ずっと順調にいく人なんてほとんどいませんし、難しい挑戦であるからこそ、合格する保証なんてどこにもありません。辛く苦しい状況の中で、もがきながら少しずつ進んでいくしかありません。

うまくいかない時ほど、ネガティブな情報や言葉が目に留まりやすくなります。

何も知らずに反対したり批判したりする人もいます。

医師のデメリットを、声を大にして言う人もいます。

1つの側面だけをみて、医師の未来を悲観している人もいます。

「医師とはこうあるべきだ」と、若い人にプレッシャーをかける人もいます。

世の中で発信される情報をみると、むしろこういった情報の方が多く目に入ります。

でも、そういった発信をしている人は、一部の人たちです。

医師になってからの働き方は、1つではありません。色々な働き方を自分で選ぶことができますし、これからますます医師の活躍できるフィールドが広がっていくのは間違いありません。

ネガティブな情報や他人の意見に振り回され、「自分が進みたい道を諦める理由」にしようとしていませんか。

私自身、「医師を辞めて教育に専念した」ことを「正解だった！」と胸を張って言うことは残念ながら6年たった今でもできません。そんな自信は全くないです。

ただ、「間違いではなかったんだ」と思えた瞬間があります。

当塾の卒業生で、講師として働いてくれている医学生の一人が、講師として働き始めたときにお手紙をくれました。お手紙の最後にはこう書いてありました。

「この塾で働かせていただくからには、将来は医師としてだけではなく、社会をほんの少しでも良くして社会に貢献できるような医師になりたいです」

それまで医師を辞めたことを批判されることで、自分がした選択に不安になってしまうことも少なくありませんでしたが、このお手紙の文章を読んで、自分の選択が「間違いではなかったかも」とはじめて思うことができました。

あれから4年が経過し、そのお手紙を書いてくれた卒業生は今回この本のほとんどすべてを執筆してくれました。

あのときはお手紙の中の文章で、私自身の背中を押してくれました。今回は本の中の文章で、医学部を目指す人たちの背中を押す手助けができて、ほんの少し社会に貢献できればいいよね。

いま当塾で働いてくれている医学生講師のほとんどが当塾の卒業生たちです。医学部での勉強もしっかり頑張りながら、様々なことを勉強したり、新しいことにチャレンジしたりしています。

「医学部を目指す」という選択をすることで、周りの人に批判されたり、ときには馬鹿にされたり、自分の選択に自信をもてずに悩んだりすることもきっとあると思います。

でも、自分が覚悟を決めて行った選択が「間違いではなかった」と思えた瞬間は、控えめにいっても最高です。

私も、医学部を目指すあなたの先輩である医学生の講師も、これからも多くのことにチャレンジして、壁にぶちあたりながらも、もがきながら進んでいきます。

医学部を目指しているあなたも、ぜひ自分の選択に覚悟を決めて、もがきながら進んでみてください。

いつか必ず「間違いではなかった」と思える瞬間がやってきます。

できれば「正解だった！」と胸を張って言える瞬間がきたらいいよね。

私も講師も頑張ります。

あなたも一緒に頑張ろう。

応援しています。

医学部予備校ＡＣＥ Ａｃａｄｅｍｙ塾長　高梨裕介

あとがき　―両親へのお手紙―

本が大好きだった小学生のころ、まさか自分が本を出せる日がくるなんて想像もしていませんでした。

自分1人の力では、ここまでくることはできませんでした。医学部に合格するまでに、そして、本を出版するまでに関わってくださった全ての方々にお礼申し上げます。

特に、育ててくれた両親への感謝はしてもしきれません。普段は、恥ずかしくてなかなか伝えられない気持ちを、この場をお借りして残したいと思います。

～両親へ～

どんな時も、わたしにとって最善の道は何かを考え続けてくれてありがとう。

サラリーマン家庭で決して余裕はないはずなのに、教育費用を惜しみなく捻出してくれました。

常に子どもの将来を最優先にしてくれた裏側には、様々な困難や葛藤があったことだと思います。

優等生タイプではないわたしは、打てば響くように期待に応えられる子どもではありませんでした。

「勉強しなさい」と言われるのが嫌で、生意気に口答えをすることもありました。

ずっと塾に通わせてもらっていたのに、医学部に入るまでにずいぶん遠回りをしてしまいました。

それでも、いつも一番の味方でいてくれて、支え続けてくれてありがとう。

勉強に集中できる環境を用意してもらえたおかげで、応援してもらえたおかげで、今のわたしがあります。

お父さんへ。仕事が大変な時、２人の娘がそれぞれの夢を追いかけるというのは大きなプレッシャーだったと思います。娘の前では決して弱音を吐かず、わたしが行きたい道に進ませてくれてありがとう。

お母さんへ。どんな逆境の中でも、絶対に子供に夢を諦めさせることはありませんでした。お母さんの存在なしには、医学部合格はありえなかったはずです。

わたしと一緒に、むしろわたし以上に頑張り続けてくれてありがとう。

小さな頃は当たり前だと思っていたことが、今になって、当たり前ではなかったことに気がつきました。

両親には、返しても返しきれない恩があります。わたしにできる限りの恩返しをしていくので、これからは好きなことをしながらのんびり待っていてください。

そして、いつか自分に子どもができたら、2人がしてくれたように、子どもがやりたいことや将来の夢を全力で応援できる親になりたいと思います。

今まで、本当にありがとう。これからもどうぞよろしくね。

綿谷もも

読者の方へのプレゼント

最後までお読みいただき、ありがとうございました。

こちらの本では、医学部受験における大切なことをすべてお伝えしています。本書を作成するにあたっては、情報が古くならないよう、膨大な情報・ノウハウの中から本質的に重要な内容だけを厳選しました。ずっと手元に置いておける、「医学部受験のバイブル本」としてお使いいただけると嬉しいです。

1つだけ心残りなこととして、医学部受験における最新の情報は毎年変わっていくため、本書には掲載できていない点があります。

最新の情報とは、偏差値や学費、入試日程、共通テストのボーダーといった受験データの他、おすすめの参考書の情報などです。

そこで、これらの最新情報はＰＤＦ資料・動画として読者の皆様にお届けしたいと思います。

資料内容は随時更新いたしますので、最新の情報・データをご覧いただけます。無料でご覧いただけるので、医学部志望の方はぜひご活用ください。

プレゼント資料の内容

【印刷用PDF資料】

医学部受験の最新情報の一覧表です。印刷してお使いいただくことも可能です。

「おすすめ参考書一覧」「医学部入試日程」「偏差値ランキング」「共通テストボーダー・足切り」「私立医学部学費ランキング」「推薦入試情報」

【解説動画】

300名以上の医学部合格者を指導してきた高梨（エースアカデミー塾長・医師）による解説動画です。

「国立医学部と私立医学部の対策の違い」「入りやすい医学部（国立・私立）」「タイプ

別の医学部合格法」「医学部受験の失敗原因３つ」「医学部の面接小論文対策」

http://aceacademy.jp/gift

無料プレゼントのお申込みはこちら

エースアカデミー　プレゼント　で検索

著者　綿谷もも（わたや　もも）
1997 年生まれ。医学部医学科に通う大学生。
数学が大の苦手で、高 3 の冬に受けた模試では偏差値 39 を取ってしまうほど。
エースアカデミーで 1 年間浪人し、憧れの医学部に合格。入学後はエースアカデミーの医学生講師として受験生を指導しつつ、ブログ「医学部受験バイブル」を運営している。
将来の夢は小児科医。アイドルと猫が好き。
Twitter：@mm__student

監修　高梨裕介（たかなし　ゆうすけ）
1988 年生まれ。大阪医科大学卒。医学部予備校 ACE Academy 代表、医師。「教育から医療をよくする」を理念として初期臨床研修修了後に創業。医師、医学生が活躍できるフィールドを拡げることがライフワーク。
Twitter : @aceacademy9

医《い》学《がく》部《ぶ》受験《じゅけん》バイブル　現役《げんえき》医《い》大生《だいせい》からの贈《おく》り物《もの》

2021年10月20日　第1刷発行
2024年 9 月17日　第6刷発行

著　者　綿谷もも
監　修　高梨裕介
発行人　久保田貴幸

発行元　株式会社 幻冬舎メディアコンサルティング
〒151-0051　東京都渋谷区千駄ヶ谷4-9-7
電話 03-5411-6440（編集）

発売元　株式会社 幻冬舎
〒151-0051　東京都渋谷区千駄ヶ谷4-9-7
電話 03-5411-6222（営業）

印刷・製本　中央精版印刷株式会社
装丁　泉智尋

検印廃止

Printed in Japan
ISBN 978-4-344-93645-4 C0037
幻冬舎メディアコンサルティング HP
http://www.gentosha-mc.com/